奈良 風のまにまに

多川俊映

春秋社

興福寺境内から春日山を眺む（提供：飛鳥園）

奈良　風のまにまに　目次

第一部　奈良　風のまにまに

第二部　こころの水鏡

奈良　風のまにまに

第一部　奈良　風のまにまに

不比等の仕事

去る二〇一〇年、奈良・興福寺は創建一三〇〇年を迎えた。その年を中心に前後二〇年、つまり、二〇〇〇年〜二〇二〇年が創建一三〇〇年記念事業期間で、境内の史跡整備を行なっている。――天平の文化空間の再構成、が合言葉だ。

その中核プロジェクトが一八世紀初めに焼失した中金堂《ちゅうこんどう》の天平規模・天平様式による再建で、二〇一〇年に立柱。二〇一四年五月には上棟式を執行し、二〇一八年秋に落慶の予定である。この中金堂の規模を分かり易くいえば、先年国により復元された平城京の大《だい》極殿《ごくでん》正殿と、構造は違うがほぼ同程度の大きな古代木造建築だ。もうすぐ、そんなのがまた一つ、奈良に出現する。

興福寺境内は、「古都奈良の文化財」の一つとしてユネスコ世界遺産に認定されてもいるが、そもそも国の文化財保護法による史跡と名勝の指定を受けている重要な空間だ。そこで、復元に先立ち、学術的な史料の検討や発掘調査が行なわれた。そのなか、中金堂基壇の全面発掘の状況が次々頁掲出の写真で、本願・藤原不比等《ふひと》（六五九〜七二〇）の土木作業チームの仕事ぶりがこれで明らかになった。

興福寺は、東方に位置する春日山の西麓が張り出した丘陵地（春日野）の西南端にあり、かつては、その高台から西に平城京を眺望し、一方、平城京の中心部から東をみれば、興福寺の堂塔が望めた。つまり、平城京と興福寺との間（直線距離で二・五キロメートル）には、双方向の眺望性があり、また、その上、地山の地質が良く、高さ一・八メートルの基壇は、その地山を一・三メートルに削り出し、その上に〇・五メートルのしっかりした版築を積み上げている。

氏寺《うじでら》興福寺のこうした寺域を定めた不比等は、もとより和銅三年（七一〇）の平城遷都とその京造営を実質的にリードした人だから、こういう発掘調査結果にふれると、――なるほど。不比等にとって、平城京の造営と興福寺の造営はセットというかペアの仕事だったことが自ずからわかる。

写真が小さくてややわかりづらいが、黄色味を帯びた版築土に点在する白く見えるのが礎石で、この上に柱が立つ。この礎石は六六個あり、内二つだけが後補で、あとはすべて八世紀初めの天平の礎石で、微動だにしていない。げんに、この天平礎石の上に、創建と再建の中金堂が築かれたのだ。

創建時の興福寺中金堂基壇発掘の様子（提供：飛鳥園）

これら基壇は、国の史跡に指定されていて保護対象だから、現在は、直接この上に再建柱を立てることはできない。が、そういう制約というか規制がなければ、これらの礎石を活用して、直接その上に平成の中金堂を建てても耐力的に問題ないらしい。

つまり、一三〇〇年前の不比等の仕事は、それくらいのものなのだ。その質の高さは圧倒的である。天平の時代性を、私は〈典雅《てんが》・端正《たんせい》・剛勁《ごうけい》〉という三つの言葉で言い表せるのではないかと思っているが、その具体例の一つが、他ならぬこの不比等の仕事である。

ナラノヤエザクラ

春日野では、ソメイヨシノやヤマザクラなどの見慣れた桜が散って、しばらくするとナラノヤエザクラが咲く。この桜、八重咲きといっても絢爛豪華でなく、いたって清楚だ。が、初めの淡いピンク色がしだいに濃い紅色になる優れもので、奈良の春の最後を飾る。

その昔、興福寺東円堂にあった「奈良の都の八重桜」がこれで、当時、なかなかの評判だった。一条天皇の中宮彰子《ちゅうぐうしょうし》（九八八〜一〇七四、藤原道長のむすめ）はそれを京へ移植しようと思い、命じて根を掘り上げ、車で運び出させた。

そこに行き合せた興福寺大衆が、「いくら中宮の仰せでも、これほどの名木の移植を易々と承知した別当、けしからん」と体を張って阻止した。それがまた、たいそう評判になって、中宮いわく、――奈良法師は心なき荒くれ者と思っていましたけれど、ずいぶん風情を解する人たちなのですねぇ。ということになって、移植は沙汰止みになった。イヤそれどころか、くだんの桜を保護するために、伊賀の余野庄《よのしょう》を「花垣の庄」として氏寺に施入したという（『沙石集』巻九）。

それで、この桜が咲く頃になると、奈良から中宮彰子の下へ一枝が献上された。それを彰子に侍った伊勢大輔《いせのたいふ》が、

いにしへの奈良の都の八重桜けふ九重ににほひぬるかな

と詠ったのだ。――あの奈良の八重桜が今日、九重《ここのえ》（禁中）で愛でられておりますよ。

この東円堂の八重桜は、その後も珍重された。たとえば、中世末・近世初頭の史料として有名な『多聞院日記』にも散見される。日記の筆者・長実房英俊《ちょうじつぼうえいしゅん》（一五一八～一五九六）は晩年、この桜に御執心で、七一歳の天正一六年（一五八八）二月二六日条に、「木継ぎの上手な甚四郎に来てもらって、東円堂の桜二枝を接木した」（取意）と記している。

その接木は順調に育ったが、五年経っても花は咲かず、天正二〇年三月一六日条では、「恨めしいかぎりだ。来年こそは咲くだろうか。露の命だから見られるかどうか……」（取意）と述べている。

しかし、ついに文禄三年（一五九四）の三月六日開花、「始〔初〕而咲間花見トテ、ウトンニテ酒進了（初めて咲いたので花見だ。うどんを肴にいささか酒を飲した）」とある。時に、長実房七七歳。日記にはこのように事実だけが短文で記されているが、――よかった。と、読む者になにかしらそう思わせるものがある。それはおそらく、独りきりの静

かな老いらくの花見であったろうが、露の命だからこそ生きて今ここに在るよろこびを、東円堂ゆかりのナラノヤエザクラに必ずや語りかけたであろう、と思われるからだ。

御歌所の歌人だった阪正臣《ばんまさおみ》（一八五五〜一九三一）は「年々花見」と題して、

ことしまた見る人かずに入りし身のよろこばしさを花に語らむ

と詠っている。

銀仏手

六世紀中頃、朝鮮半島の百済国王が日本に使節をおくり、仏像や経論をもたらした。これがいわゆる仏教公伝で、その仏像は『日本書紀』によれば、「釈迦仏金銅像」だった。いわば、金ぴかの造形物――。

当時の人々は、伝統的な日本の神観念から、それを「蕃神《あたしくにのかみ》」つまり他国の神で、「仏神（ホトケという神）」と受けとめた。元来、日本の神はスガタ・カタチをもたないから、これに接した人々の驚きは想像を絶するが、他方、こうした明確なイロとカタチをもった仏像はきわめて印象的でもあり、しだいに日本人に受容されていった。ここに、イロとカタチをめぐる日本人の、矛盾的自己同一がみられるかもしれない。

それはともかく、ほぼ半世紀にわたる仏教受容の是非をめぐる論争に終止符を打ったのが、推古二年（五九四）の「三宝興隆の詔《みことのり》」。それ以降、おびただしい数の仏像が造られたことは、人のよく知るところだ。また、その素材もさまざまで、当初は銅造や塑造あるいは乾漆造などが多かったが、比較的近場に彫像に適した良質の檜材が豊富にあることから、しだいに木彫が主流になった。が、いずれにせよ、とくに如来形の本尊の場合は、鍍金や金箔が施された。

それはいうまでもなく、仏陀の像容を示す三十二相のひとつ・金色相《こんじきそう》に由来する。古来、仏陀の身体は「紫磨金色身《しまこんじきしん》」、つまり、紫色をおびた黄金いろだったというのだ。――紫《し》磨金《まごん》のやはらかなる膚《はだえ》透きたり。などといわれる(『栄華物語』)。ちょっと下世話にいえば、なんともいえない深みのある小麦色で、しかも透けてみえるような肌か。

だからでもあろう、素材が銀の仏像はほとんどない。あるいは、銀造鍍金では、いくらなんでも金と並び賞される銀に対して失礼なのか――。銀仏の現存唯一の作例は、天平期の東大寺法華堂本尊の宝冠化仏だが、これとて像高一尺に満たない小さなものだ。しかし、実はかつて、六尺余りの大きな銀仏が在ったのだ。その銀仏の臂から先、手のひらまでの残欠がお寺にある。

興福寺の東金堂が保存修理中だった昭和一二年(一九三七)一〇月二九日(寺務所日誌)、本尊台座の内に旧本尊の頭部が安置されてあり、大騒ぎになった。これがいわゆる白鳳期の名宝「仏頭」の発見であるが、仏頭を載せた台箱の中から発見されたのがこの銀造仏手で、立ち会った人たちは二度ビックリしたらしい。

それはそうだろう、この純銀の仏手の寸法がほぼ一尺で、臂には衣の端が少し残る状態なのだ。完好ならば、立像で六尺八寸前後と推定されるから、発見者たちが仰天したのも無理はない。由来ははっきりしないが、寺蔵文書に純銀仏像の記載もあるから、興福寺にかつて銀仏があったことは間違いない。

俗にいぶし銀というが、にび色の銀の質感に、あるいは、釈迦の古道を想ったか。

華原磬

興福寺に、「華原磬《かげんけい》」と呼ばれる国宝指定の仏具が伝えられている。唐製か日本製か意見が分かれるけれど、いずれにせよ、八世紀の作――。さしずめ日本でいえば天平期の仏教工芸の優品で、つとに名高い。

この華原磬という名称は当初のものではなく、寺の流記資財帳に記される「金鼓一基」がそれと同定される。華原磬とは、現在の中国・陝西省耀県の華原産の磬の意味で、いわゆる唐物を珍重したわが中世の名称らしい。ちなみに、観阿弥や世阿弥の時代よりやや古いといわれる能「海士《あま》」の、シテの語りにも、つぎのように出ている。――今の大臣淡海公の御《おん》妹は。唐《もろこし》高宗皇帝の后に立たせ給ふ。されば其御氏寺なればとて、興福寺へ三《みつ》の宝を渡さるる。花原磬泗浜石《しひんせき》。面向不背《めんこうふはい》の玉。二つの宝は京着し。明珠は此《この》沖にて龍宮に取られしを。大臣御身をやつし此浦に下《くだ》り給《たま》ひ。いやしき海士乙女と契りをこめ。ひとりの御子を儲《もう》く。今の房前《ふささき》の大臣是《これ》なり……。

史実を軽々と超えて物語を紡ぐ中世のエネルギーには恐れ入るが、それはさて、この華原磬はもともと「坐白石面」、つまり、白石の台に載っていたという。昭和一八年（一九四三）の福山敏男氏の研究によれば、その白石が「吉野遠河之山《とおかわ》」から興福寺に運ばれたことが解明されている（天平六年―七三四―の正倉院文書）。なお、遠河とは、現在の奈良県吉野郡天川村洞川《どろがわ》地区との推定だ。

降って昭和二八年、どういう事の成り行きだったのか知らないが、この華原磬は、当時の文化財保護委員会によって作られた比較的薄い欅の台に被載固定され、近年に至った。

しかし、平成二二年（二〇一〇）に創建一三〇〇年を迎えた興福寺では、中金堂再建など「天平の文化空間の再構成」を合言葉に天平回帰に取り組んでおり、こうした華原磬の台石復原にも自ずから食指が動く。

おりしも、奈良県立橿原考古学研究所長・菅谷文則氏によれば、現在も天川村洞川では結晶質石灰岩（いわゆる大理石）の露頭が確認され、また、国の許可を受けた村営工事などでその一部が採石保存されている由。そこで、それらの石灰岩白石を洞川地区から譲りうけ、二〇一四年春、念願の華原磬の台石復原を試みた。

高さ五寸五分・広さ二尺三寸九分×二尺三寸九分の寸法はもとより『興福寺流記』記載のもので、天平の標準尺（一尺＝二九・五四センチメートル）を用いた。じっさい、その台

華原磬（提供：飛鳥園）

石の上に載せてみると、華原磬の精彩を放つこと想像以上で、復原の意義を改めて再確認した。

ただ、なぜ白石なのか——。たとえば、白楽天の一句に「有石白磷磷（石有り、白きこと磷磷《りんりん》）」とあり、玉石の光沢を耽美しているが、この漢民族の玉石に対する嗜好の尋常でないことから推せば、唐製の華原磬に相応しい結晶質石灰石を吉野遠河に求めたのではないか。

伝世ということ

興福寺の五重塔は、古都奈良のシンボルといってよい。この塔の創建は天平二年（七三〇）。春日山の麓が西に張り出した丘陵地、いわゆる春日野の西南端に聳え立つこと久しく、今のは六度目の応永年間（一五世紀）の再建だが、天平の気分をよく四周に醸している。

明治初期の激しい廃仏毀釈のさ中、この五重塔が、たとえば五〇円というような値段で売りに出されたとか、四人合力で買うはずが、うち二人が資金調達できず沙汰止みになったとか。そして、その揚げ句が、金具目当てで買った？人が塔を引き倒そうとしたが、びくともしない。――それなら、と火をつけて金具をせしめようとしたが、類焼をおそれた周辺住民が猛反対。これまた、沙汰止みになったという話が今もって、まことしやかに語られる。

当時、興福寺は「無住」だったという。が、それは、住持という高位の管理責任者がいないという意味で、堂塔や尊像の維持にかかわろうとする人間が誰一人、いなかったというのではないだろう。もし、人っ子一人いない無住であったなら、この天平の仏教寺院は明治四、五年頃、文字通りアウトになっていたにちがいない。

ここに詳しく記すゆとりはないが、江戸幕末まで興福寺公物の管理業務を掌っていたのが寺内の唐院《とういん》で、その承仕《じょうじ》（在家得度した管理局員）たち、なかでも中村堯圓《ぎょうえん》・雅真《がしん》父子が中心となって、維新後も、従前の管理業務をなにほどか自主的に継続していたのであろう。というのが、筆者の見解だ。

この唐院承仕を代々勤めた中村家は奈良の名家で、堯圓は明治一三年（一八八〇）、奈良有志総代の一人として興福寺再興願を内務省に提出しているし、長男の雅真はその後、昭和一八年（一九四三）二月まで、興福寺の筆頭信徒総代として復興の一翼を担った。なお、雅真の弟・正久は、明治二二年に白鶴の嘉納家に入籍、のちに白鶴美術館を創設している。これら中村家の人々は、興福寺に伝わる優れた寺宝を日常管理する家柄で、いわゆる古美術の目利きでもあった。殊に雅真過眼は信頼が厚く、現に、奈良骨董の佳いものは雅真旧蔵である場合が多い。

ちなみに、「伝世品」というが、ものが勝手に伝世するわけではない。それが、自分たちにとってかけがえのないものであり、それを次代に伝えたい・伝えなければならないという深い美意識と、それにともなう地道な手立てがないと、どんな優品も早晩傷つき、そして、いずれは失われていく。

とくに日本の文化財は素材が脆弱だから、時に保存修理の手を加えないといけないし、そのためにも、ふだんの目通し・風通しが欠かせない。そういう受け継ぎ・受け渡す地道さの中に、優品佳品が世を渡っていくのだ。

春日名号

古典的神仏習合論者――。小生個人を端的に自己紹介するなら、こうなる。だから、もし時代を選んでタイムスリップができるなら、迷わず鎌倉・室町の中世、または、それにつづく近世初頭の神仏習合華やかなりし奈良を希望する。

そこは、神といえば仏・仏といえば神の、混然一体の世界だ。むろん、そうでありながらも、それを「神」として示す場合、少なくともお顔の描写は憚られたのであり、一方、「仏」として示す時は、それぞれ想定された本地仏の像容が克明に描かれた。そして、そのいずれもが尊いこととして受け止められた。

『春日権現験記絵《かすがごんげんげんきえ》』は、そんな時空の気分を濃密に感じさせる絵巻だ。たとえば、巻六の第一話、興福寺の舞人・狛行光《こまのゆきみつ》が春日明神の案内で地獄をめぐる有名なくだりは、春日の神を衣冠束帯の後姿で描き、その表情を窺うことはできない。が、巻一二の第二話では、地蔵菩薩が牛車の窓から微笑むお顔を見せており、それがまた、いかにも印象深いのだ。

この地蔵は、春日興福寺の奈良に特有のいわゆる「春日地蔵」で、春日社の五所明神

（本社四宮と若宮）の総のスガタを地蔵菩薩の像容で示したものだ。

よく末世というが、仏教の理解では当時も今も、過去仏の釈迦と未来仏の弥勒《みろく》との間の「無仏」の時代だ。そして、そういう無仏の中間にあって、いのちあるものたちを救済するのが地蔵菩薩で、その誓願は、人々の苦厄を代わりに受け止めるという「代受苦《だいじゅく》」だ。春日神の菩薩号は「慈悲万行《まんぎょう》菩薩」というが、地蔵はその称号にふさわしい本地仏で、もとより、五所明神はそれぞれの本地仏が定められているが、それらを集約する形で、地蔵の像容が用いられたのも故なしとしない。

いずれにせよ、だから、「南無春日大明神」とか「南無慈悲万行菩薩」の春日名号が床に飾られてあれば、春日興福寺僧徒も春日神人も、檀越の藤原貴族も、そして、奈良の町衆も皆、地蔵の尊容を心のどこかで意識して拝したのだ。

こうした名号は、一次的にはむろん、礼拝の対象として揮毫され軸装に調製されたが、僧徒の昇進や役職就任などのお披露目の宴席でも、その床の間に奉掛された。

たとえば、時代はやや降るが、宝暦一二年（一七六二）、成身院《じょうしんいん》訓算が催した自祝の会では、春日神号の掛け物に立花の「真の床飾り」で、濃茶・能狂言・一汁三菜以下の宴だった（寺蔵の学侶日記）。招かれた客僧や有縁の町衆たちは、その荘厳におのずと威儀を正したことだろう。

なお、春日名号の古いところでは、かの普賢寺摂政・基通《もとみち》（平清盛の娘婿、一一六〇〜一二三三）の筆になるという「慈悲万行菩薩」が、奈良の町衆から多聞院英俊に贈られたことが『多聞院日記』に出ている（天正八年―一五八〇―）。

奈良の鹿

春日社の創建は神護景雲二年（七六八）で、本社一宮の建御雷神《たけみかづちのかみ》は、常陸国の鹿島から鹿に乗って影向《ようごう》されたというから、奈良の鹿は格が高い――。平安の昔、藤原氏の人びとが春日社興福寺という氏神氏寺参拝のため奈良を訪れたおり、鹿に出会おうものなら、たちまち車を降りて、恭しく低頭したという。

鹿は神の使い、あるいは、神そのものとみる想念は後代に受け継がれるほどに深まり、ついに春日鹿曼荼羅や春日神鹿御正体《みしょうたい》などという独特の習合美術を生んだ。

鹿曼荼羅は概ね、神鹿の背に鞍を置き、その上に榊を立て、春日五所明神の本地仏を描いた円鏡を懸ける。五所明神の本地仏は、さきの本社一宮を釈迦如来、二宮の経津主《ふつぬし》神を薬師如来、三宮の天児屋根《あめのこやね》神を地蔵菩薩、四宮の比売《ひめ》神を十一面観音菩薩、また、若宮の天押雲根《あめのおしくもね》神を文殊菩薩と説くのが一般的だ。そして、前号でもふれたように、「春日地蔵」といって、それら五所明神を総じて地蔵菩薩の像容で示すことが数々行なわれた。

こうした仏と神との垂迹関係は、豊かな宗教的資質の感得によるが、それとは別に、檀

春日曼荼羅（所蔵：興福寺、提供：飛鳥園）

越の思惑も絡んで、そう簡単ではない。たとえば、春日本社一宮の本地仏をまた、不空羂《ふくうけん》索《さく》観音菩薩だというのが、一方の有力な説になっている。この不空羂索観音は、興福寺伽藍完成の記念モニュメントでもある南円堂の本尊で、弘仁四年（八一三）、のちに摂関家や清華家を輩出する藤原北家の冬嗣《ふゆつぐ》が創建した。

だから、南円堂は、藤原北家の流れをくむ人たちにとってはいわば聖地で、不空羂索観音菩薩という本尊への想いは格別なものがあったのだ。加えて、この観音は鹿皮を身にまとうと説かれるし、かつ、春日社が所在する東方を向いて鎮座——。春日の神との関係性は、いやが上にも増幅していった。

掲出の鹿曼荼羅は、そうした説に基づく作例で、神鹿の背上の鞍に榊を立て、五つの垂《しで》で五所明神を示すが、その上部に懸けられた円鏡には、やや不鮮明だが、不空羂索観音のみを大きく描いている。

いずれにせよ、鹿は神格化され、独特の立場を築いた。中世、春日社興福寺の僧徒はこうした神鹿の保護を重要な仕事と位置づけ、ついに「犬狩り」を年中行事化した。『多聞院日記』の長実房英俊（一六世紀）が作った「興福寺和讃」に、——（受戒後）七年目ノ五月ニ　犬狩ニ出仕シテ　町廻リスル嬉シサヨ、とある〔カッコ内、引用者〕。

当時は概ね、一四、五歳で受戒得度したから、二三歳前後の遊びたい盛りでもある青年僧が、門前の町に嬉々としてくり出したのだ。五月（旧暦）は小鹿の生まれる時期で、それが野犬に襲われないよう、あらかじめ野犬を狩っておこうという寸法の行事だった。

ひるがえって数年前、欧州からの団体旅行者が、自由に歩きまわる鹿の群れをみて、――どうして撃たないんだ。と、ガイドに質したとか仄聞した。「さすが狩猟民族」なぞとボケてはおれない。

無著像の運慶

真善美は、今なお厳然と人間が追求すべき普遍的な価値であり、ゆえに私たちの行動規範だ。——と、言い切りたいところだが、安心や安全が大きく求められている世の中では、この普遍価値も磐石ではなく、ゆらいでいるのかもしれない。

もっとも、その真と善と美とが何に基づいているかだが、仏教の立場からいえば、真の第一義は、すべてはさまざまな要素によって一時的に構成されているものであり、だから、時々刻々と変化して止まない、ということだ。つまり、この世に生存する私たちも、その私たちにかかわるさまざまな現象もすべて空《くう》であり、無我・無常なのだ。

が、そうはいっても、自分にとって好ましい状況は、それができるだけ続いてほしいと素直に思うし、一方、不都合は雲散霧消こそ望まれる。しかも、こういう想念（欲望）は人によって相異するから、争いごとが絶えないわけだ。しかし、他と争えば、勝っても負けても傷つくし、ことがらの本質は何も変わらないから、無益ないがみ合いの防止がおのずから要請され模索される。

そこに、倫理行動としての善が浮び上がるのだけれど、そうした善も、確固とした真というよりどころがないと、状況によってゴロゴロ変わるお粗末となる。マアそれはともかく、最後の美はいうまでもなく、そういう真と善との美的表現だ。

つまり、真・善・美は一連のもの、というか、相互に深い連関を有するものであるが、美は、その性質上、しばしば単独で取り上げられもするし、自ら独り歩きもする。美的鑑賞の対象としての仏教美術もその範疇に入る。

しかし、そうであっても、真善美が有無をいわせず把《たば》になって、しかも、一直線に向ってくるような作例がある。たとえば、興福寺北円堂の無著《むじゃく》菩薩立像がそれだ。無著像の前に立った瞬間、人は、像容の深い精神性に、静かに、しかし、圧倒的な力強さで鷲づかみされる。

この像は、世親菩薩立像とともに本尊の弥勒如来坐像に随侍するが、この三軀は、奈良仏師の総帥・運慶（?～一二二三）の円熟の境地を示すといわれる最晩年の造像だ。――という説明を聞けば、ふつうは「さすが運慶」ということになるのだけれど、無著像にかぎっていえば、そういう運慶はシャシャリ出ず、というよりむしろ後方に沈んでいく。そして、深い精神性だけが匂い立ってくるのだ。

無著像（提供：飛鳥園）

ここで唐突かもしれないが、一七世紀初期の『菜根譚《さいこんたん》』に、「真廉《しんれん》は廉名なし。（中略）大巧《たいこう》は巧術なし。術を用うる者は、乃《すなわ》ち拙となす所以《ゆえん》なり」という一文がある（前集六二）。真に清廉な人には、ふしぎと清廉という評判が立たない。（それと同じように）ほんとに腕のいい人は、これみよとばかりに、巧妙な技術の跡をみせない……というのだ。

運慶は、少なくともこの無著像において、表面から静かに退いて、大巧たり得ている。

奈良墨

パソコンのキーボードは、原稿を書くには何かと便利で、筆者も日々それに頼っている。が、指を通して自分自身が機械化しているような感覚に、ふと陥ることがある。それかあらぬか、世間を見廻せば、近年、万年筆が見直され、毛筆を習う人が増えてきている。機械をくぐり抜けてプリントアウトされた文字や、タブレットの画面上の文字はどうしても無機質だから、心が潤わないのだ。文字は意思の伝達具で、わかれば、それで十分なのだけれど、それだけだと何か物足りないわけだ。

それが「書」となれば、筆・紙・硯・墨のいわゆる文房四宝でそれぞれ奥が深いが、そのなか、墨はいまも奈良産が名高い。墨自体も、また、製墨法も、そのかみ隋・唐から日本にもたらされたが、近世の江戸時代になっても、製墨法をめぐる日中の交流を通して、より洗練され現在に至っている。

奈良の墨作りは、興福寺子院の二諦坊《にたいぼう》が発祥の地だといわれる。持仏堂の天井にたまった灯明の煤《すす》を採取、それに膠《にかわ》をまぜて練り固めたのが始まりだ。ちなみに、二諦坊は、興福寺の古絵図（江戸時代）でみると、現在の興福寺本坊のほぼ斜め北隣りに所在した。

　近世になると、奈良の町衆に墨屋を営む人が出てきた。たとえば、老舗の古梅園は、初代の松井道珍《どうちん》が天正五年（一五七七）に創業。寛保三年（一七四三）没の六世元泰《げんたい》は生前、長崎で清国の御墨司と交流して、品質向上に黽勉《びんべん》従事し、七世の元彙《げんい》は、奈良墨の代名詞ともいえる紅花墨《こうかぼく》を創墨している。

　墨には、松煙墨と油煙墨とがあるが、いずれにしても、煤と膠との合成で（それに少し香料が入る）、膠は気温が高いと腐るから、墨作りは寒い冬場が最盛期だ。

　その煤と膠に香料を入れて練り上げたものを、紅花墨なら紅花墨の墨型に入れて成形し、ゆっくり時間をかけて乾燥させ仕上げるが、いつだったか、古梅園さんに数多くの墨型の拓影をみせてもらったことがある。

　そのなかに、松葉散しの墨型を見つけた。かなり古い型で、近年まったく使われていない由だが、実に繊細な佳品――。それに心引かれて、数十丁を松煙墨で特注した。お慶びの集まりの受付などで、芳名録記帳の硯に添えると、ちょっといいかもしれない。――と思って、親しい友人知人に贈った。

　こうした墨型のデザインは、佳いものでもなぜかお蔵入りになってしまうのがある一方、連綿と受け継がれていくものもあるが、ともかく極小の世界だ。それを専門に彫る人は少ない。ちなみに、貞享四年（一六八七）刊行の奈良のガイドブック『奈良曝《ざらし》』の、〈諸職名匠〉の項を一瞥するに、その当時でさえ、「墨形彫物屋」は一名だけだ。

墨は磨れば無くなるし、墨形彫物なぞ品質に直接係わりがあるわけでもないが、だからといって、ノッペラボウの墨というのもいただけない。ここにも、日本の繊細な感覚が生きている。

天平の至宝・阿修羅像

奈良といえば、まずは天平文化だが、平安時代末期から鎌倉時代にかけての中世に、神仏習合思潮の下、仏教の教学とその美術造形が再び花開いた。後者がいわゆる日本仏教美術のルネサンスだが、それはともかく、古代と中世にみるべきものがあるので、奈良は「ふたこぶラクダ」――。後は特に無し、というのが大方の評判だ。

しかし、そうした古代や中世の文物も、当たり前の話だが、近世と近代（の地道な受け継ぎ・受け渡し）を経て、私たちの現代に伝えられている。だから、たとえば天平の至宝・阿修羅像にしても、そうした全体で受け止めてこそ、いっそう意義深いものになるだろう。古代や中世の文物が、近世や近代を飛び越えて、私たち現代に直結しているなぞと勘違いしてはいけない。

その阿修羅像だが、この乾漆像は、今でこそ好きな仏像ランキング第一位に輝いて知らぬ人なしだけれど、かつては、というか、仏教の世界ではどこまでも脇役で、知る人ぞ知る存在だった。ことの起こりは、天平五年（七三三）に遡る。

この年の正月一一日、光明皇后の母堂（橘夫人《ぶにん》三千代）が薨去《こうきょ》し、光明子《こうみょうし》がその供養に興福寺西金堂を造営することになったのだ。古代の堂塔造営は概ね、くわしいことがわからないものだが、正倉院文書の『造仏所作物帳《さくもつ》』が西金堂の造営記録といわれ、その詳細を知ることができる。

たとえば、造営期間は天平五年一月一一日から翌年の一月九日までで、動員された工人数は延べ五万五千人あまりだった。ほとんど突貫工事といってよいが、今に伝えられる阿修羅像などの八部衆や十大弟子の乾漆群像をみても、その仕事ぶりはきわめて緻密で繊細だ。天平の人びとの創造力、そして、それを支える柔軟な技術力には驚く他はない。

西金堂内陣に安置された本尊や脇侍以下の造像に活躍した仏師と画師の代表者の名前も、将軍万福《まんぷく》と秦牛養《はたのうしかい》とわかっていて、これも古代としては例外的だ。彼らは百済系の帰化人と考えられているが、いずれにせよ、彼らの卓越した造形美は、一二八〇年余の時空を越えて平成の私たちを魅了して止まない。

ところで、現在の阿修羅像の色彩だが、天平のものも一部残ってはいるが、概ね後世のものだ。西金堂は創建後、永承元年（一〇四六）に最初の火災にみまわれ、搬出された諸仏は、承暦二年（一〇七八）の再建供養にさいして、彩色し直された。そしてなお、中世

阿修羅像（提供：飛鳥園）

にも補彩をうけているとみられる。つまり、そういう色を、私たちは見ているわけだ。

——なぁんだ、天平の色じゃないのか。というなかれ。これもまた、そうして受け継ぎ・受け渡して伝世してきたことを、深く味わい想うべきであろう。そういうふうにして、小さな自己が膨大な時空に呑み込まれていけば、仏像の前に立つ意義も、あるいは、ほとんど満たされているのかもしれない。

涅槃会のころ

二月一五日は、仏教の創唱者・釈迦牟尼《むに》世尊（釈尊）の入滅された日だ。

この日は、生誕の四月八日や成道《じょうどう》の一二月八日とともに仏教にとって大切な日で、すっかり定着している。もっとも、古代インドの暦はまだ十分に解明されていないから、それらの日が私たちの暦のどの日に該当するかは、実は定かではない。いちおう、それらの日を昔なら太陰暦、現在なら太陽暦にそのまま落し込んでいるわけだ。

それはともかく、この時節の春日野は、一段と底冷えする日が続き、雪が降ることもまれではない。そうなると困るのは、草を食む鹿たちだ。芽吹きも遠い厳寒の日々、奈良の鹿は例外なく空腹で、ふだんなら見向きもしない尖って苦い松の葉さえ、背伸びして食べる。そうしていのちをつなぐので、春日野の樹木は、アセビやナギ、そして、外来種のナンキンハゼ以外は概ね下枝がない。いわゆるディア・ラインで、春日野が樹木繁茂のわりに意外に見通しが利くのは、そのためだ。

そんな寒冷で深閑とした中、興福寺ではその日、東室《ひがしむろ》に大きな涅槃図《ねはんず》を奉懸し、南都楽所《がくそ》の出仕を得て涅槃会《ねはんえ》の管絃法要を営む。

日本に現存する涅槃図では、高野山の応徳年間（一〇八四〜一〇八七）の作例が最古かつ優品で、概して時代が降るにしたがって、中央に横たわる釈尊を取りまく衆生《しゅじょう》の数が増える。

画面中央に横臥する釈尊の直近には、随行役の阿難《あなん》など直弟子たちやインドの神々がひかえている。すぐに目につくのが、両手を上に挙げ太陽と月を持つ赤身の阿修羅だ。また、図の上方には、仏母の摩耶夫人《まやぶにん》が直弟子の阿那律《あなりつ》に先導され急ぎ降下していて、ただならぬ息遣いが感じられる。

そして、仏滅を知った在家の人たちをはじめ、さまざまな動物、昆虫にいたるまでが皆、入滅された釈尊を悲しげに見ている。たとえば、仏画でお馴染の象や獅子、迦陵頻伽《かりょうびんが》（極楽にいると想像される鳥）はもとより、哺乳類では虎・豹・馬・牛・鹿・犬・猿など、鳥類では鶴・鷹・鶏・鷺・雀、そして、蛇・トカゲ・ムカデ・蛙・蟹・亀・トンボ・蝶・カマキリ・蜂などが所狭しと描かれている。下世話にいえば、押し合い圧《へ》し合いの超満員だ。

しかし、――座る余地まだ涅槃図の中にあり（平畑静塔《ひらはたせいとう》）、という句もある。たしかに

涅槃図（所蔵：興福寺、提供：飛鳥園）

所狭しと描かれてはいるが、物理的に座り得る余地はまだある。が、そんな単純な句なのかどうか。涅槃図はたしかに仏滅を悲しむ図柄に違いないが、考えてみれば、画面中央に横たわる釈尊は、そもそも真理を覚知した超越的な存在だ。そうであれば、それを真理の身体的表現と受け止めてもよいのではないか。涅槃図とはつまり、大いなる真理を中心にして、いのちあるものたちがそれぞれ居場所を得て、争うことなく住み分けしている。そういう絶対平和の図柄なのではないか。そうであれば、そこに座りたいと思わずにはおれまい。そして、座る余地はたしかにまだある。

春日野（上）

何気なく、野原なぞというけれど、「原とは広々として平らかなところ、野は山裾などの、ゆるい傾斜地」（白川静『古語辞典・字訓』）と説かれる。なるほど春日野も、奈良の市街地の東方、春日山のふもとが西になだらかに傾斜し張り出した丘陵地だ。ここに春日の御社《みやしろ》と興福寺が所在する。というか、かつてこの地は、「春日社興福寺」の神仏習合文化が大きく展開したエリアだ。

現在の県庁東の交差点と春日一の鳥居を結ぶ道は古く、すでに天平勝宝八年（七五六）の古図にある。平城京でいえば、この道は東七坊大路（東京極路）で、京内と京外をわける道だ。一般的に、この大路の東野が春日野と受けとられているが、興福寺の縁起・資財帳『興福寺流記《るき》』に、

——春日の勝地を簡《えら》びて、興福の伽藍を立つ。

とあるから、春日山のふもとが西に張り出した丘陵地の全体が、春日野だと理解するのが正しい。

こうした春日野の「野」は、春日一の鳥居をやや東に行ったあたりから実感されるが、二の鳥居の少し前、参道の右手（南側）には、数条の小道がひっそりと通っている。一般の観光客にはほとんど知られていないが、現在、通ることができるのは東から、上の禰宜《ねぎ》道・中の禰宜道・下の禰宜道で、かつて禰宜たちは皆、上高畑《かみたかばたけ》の春日禰宜町からそこを通って御社に出仕した。

このなか、上の禰宜道は、隔夜堂《かくやどう》の直近から北方向に延びている道で、これをしばらく歩けば春日若宮社、なおそのまま道なりに行けば本社に至る。

一方、下の禰宜道は、高畑の志賀直哉旧居あたりから北東に延びて二の鳥居に至る道で、「ささやきの小径」と通称される。志賀旧居からゆっくり歩いても、一〇分ほどで二の鳥居に着く。これらは、いずれも幅員二ないし三メートルほどの文字通り小道だ。

このあたりは、杉やイチイガシのほか、アセビ（馬酔木）やナギといった常緑樹が群生している。鹿は、前号でも述べたように、これらの枝葉を食べないので、この一帯はディア・ラインが形成されず、見通しが利かない。そのため、この界隈は鬱蒼とした森で深閑としており、声高に通るのもおのずから憚られる雰囲気だ。

「ささやきの小径」とはよくいったものだが、誰の命名か、筆者は寡聞にして知らない。

かつて志賀邸のいわゆる高畑サロンに集まった文人たちが誰ともなく言い出したか、あるいは、志賀自身なのか。ちなみに、志賀直哉は家族と共に、昭和四年（一九二九）からの一〇年間をここ高畑で暮らした。筆者の父は数年、令夫人や令嬢にお茶を教えに通った。

春ともなれば、春日野のアセビも、白い可憐な花を房状につけてそっと咲き、ほの甘い香りを一帯に漂わせる。「馬酔木こまごま更にこまごま花つけて」という句があるが、この時季、春日野の小道は殊に愉しい。

春日野（下）

奈良の絵図で一番古いのは、天平勝宝八年（七五六）の年紀をもつ「東大寺山堺四至《さんかいしいし》図」（正倉院所蔵）だ。これはその名称が示すように、東大寺境内とその周辺地域、たとえば新薬師寺堂や山階寺（→興福寺）東松林廿七町などが画き込まれている。

その図のほぼ中央、「南北度山峯（南北に度《わた》る山峯）」が後にいう春日山で、その西麓が再隆起して御蓋山《みかさやま》となるが、それの西側つまり春日野の一郭に、「神地」と墨線で囲った場所がある。かつてこの辺りでは、遣唐使派遣にさいしてしばしば祭祀が行なわれ、航路の安全が祈られた。

一、二例を引くと、『続日本紀』養老元年（七一七）二月朔日条に、「遣唐使は神祇を蓋《みかさ》山の南で祭った」とあり、また、宝亀八年（七七七）二月六日条には、「遣唐使が春日山の麓で天地の神を礼拝した。昨年は風波が思わしくなく、渡海することができなかったし、使者（の顔ぶれ）もまたしきりに変更になった。ここに至って、副使の小野朝臣石根《おののあそんいわね》が重ねて祭祀を執行したのである」とある（以上、直木孝次郎 他／訳注、平凡社東洋文庫本による)。

春日山とはいうまでもなく、平城京の東方に位置し、そこから陽が昇ってくる山の謂で、その麓が西に張り出した丘陵地の春日野にも、平城京の中心部から登っていくわけだ。春日野のこうした神聖性は、神護景雲二年(七六八)の春日社創建で弥増したろう。

神仏習合思潮が盛んになった中古をへた中世、春日山や春日社の社頭は「春日浄土」と認識されるに至った。春日明神は本社が四宮で、それに若宮を加えて五所明神だが、それぞれの本地仏がおよそ次のように説かれた(解脱《げだつ》上人貞慶《じょうけい》説)。

本社一宮(建《たけ》御雷神《みかづちのかみ》)……釈迦如来

二宮(経《ふ》津主《つぬしの》神)……薬師如来

三宮(天児《あめのこ》屋《や》根《ねの》神)……地蔵菩薩

四宮(比《ひ》売《めの》神)…………十一面観音

若宮(天押雲根《あめのおしくもねの》神)……文殊菩薩

そして、社頭から春日山周辺がその浄土として篤信された。こうした春日浄土の作例としては、能満院所蔵「春日浄土曼荼羅図」(鎌倉時代、重要文化財)や根津美術館所蔵「春日補陀落山《ふだらくせん》曼荼羅図」(鎌倉時代)などが名高い。春日野は、このように古代から中世にかけて浄域として確立、それが後世におよんで、奈良の重要なエリアとして人々を魅了している。

たとえば、奈良を酷愛した會津八一（一八八一〜一九五六）は、その代表的な一人であったろう。八一の代表作「南京新唱《なんきょう》」（『鹿鳴集』収録）は、明治四一年から大正一三年に至る一七年間に詠まれた九八首の短歌からなるが、そのまさに冒頭が「春日野にて」九首で、その後「興福寺をおもふ」一首「猿沢池にて」一首……と続いている。こうした順番がどうでもよかったわけではあるまい。奈良は春日野から始まる——。そういう考えの下、南京新唱九八首が配列されたのではなかったか。

天平乾漆像

日本彫刻史を一瞥するに、仏像の素材はさまざまであるが、奈良時代は、漆がよく用いられた。いわゆる脱活乾漆や木心乾漆だが、概ね天平の一時期だけで、その後は、木彫が主流になった。なにせ漆は高価な材料であり、一方、わが国では、彫刻に適した木材がさほどの苦労もなく調達、入手できたからであろう。

しかし、漆は乾けば、そうとうな強度を持つし、防虫の面でも、木像のおよぶところではない。加えて、ペースト状の木屎漆《こくそ》で成形、微妙繊細の仕上がりとなるし、それによって、なによりも独特のぬくもりが感じられるのだ。

こうした天平乾漆像のなか、脱活乾漆といえば、おのずから八部衆の阿修羅像が想起される。その陰でやや目立たないが、同じく八部衆の沙羯羅《さがら》像や五部浄像、十大弟子の須菩提《すぼだい》像なども、きわめて優れた作例で、その面貌の純真無垢やたたずまいの静けさは、一度目にすれば、決して忘れることができない。

これらのうち、沙羯羅像と須菩提像は、川端康成の『舞姫』にも出てくる。バレリーナ

沙羯羅像（提供：飛鳥園）

の波子の夫・矢木元男の出張からの帰りを、息子の高男が、上野の博物館の彫刻室に展示された須菩提と沙羯羅の前で待っているのだ。

「ここの沙羯羅や須菩提の前で、待つことにしたんです。いい考えでしょう。」

「ふうむ。いい考えだ。」

…

「そう。頭がいっぺんに、すうっとするからね。心の曇りやにごりが、素直に清められる。しかも、いろんなつかれやこりが取れたように、なんとも言えぬ温《あたた》かい感じを受けるんだな。」

『舞姫』は、昭和二五年一二月から翌年の三月まで朝日新聞に連載されたが、その前後かなり長い間、興福寺のこれらの像は、東京国立博物館に出陳されており、川端はそれを鑑賞、描写したのだ。

新潮文庫本の解説（三島由紀夫）は、川端にとっての永遠の美について、「おそらくそれは美少年的なものであろう」といい、「それはまた『東洋の聖少年』沙羯羅の面影でもあ」ると述べている。

〈天平の至宝・阿修羅像〉の稿でも述べたが、これらの脱活乾漆像は、光明皇后の生母の一周忌供養のために、天平五年（七三三）一月二一日から翌年一月九日の間に造営された西金堂の宗教空間を構成した。正倉院文書の『造仏所作物帳《さくもつ》』によれば、この一年足らずの間に徴用された工人は、延べ五万五千人余。そのなか、造像は、仏師将軍万福と絵仏師秦牛養《はたのうしかい》が率いた一気呵成の仕事だった。

筆者は、天平の時代性を典雅・端正・剛勁《ごうけい》の三語で表わすことができると思うが、もう一つ加えるならば、「速疾《そくしつ》」だろう。天平の仕事は、とにかく手早いのだ。その速疾には、二心というか迷いの起こり得る余地がなく、静けさや清々しさの淵源にちがいない。

天平乾漆像（承前）

光明皇后が生母の一周忌供養のために造営した興福寺西金堂は、享保二年（一七一七）の大火後ついに再建されないまま、こんにちに至っている。が、幸いなことに、私たちは、創建当初の天平乾漆群像をはじめ、鎌倉再建時の優れた造像作例のいくつかを、この眼でみることができる。

そのなか、脱活乾漆像の八部衆は概ね完好で（五部浄像のみ胸部以下を欠く）、また、十大弟子も六体が現存しており、それらには、舎利弗《しゃりほつ》・目犍連《もっけんれん》・富楼那《ふるな》・迦旃延《かせんねん》・須菩提《すぼだい》・羅睺羅《らごら》の名称がつけられている。

ただ、こうした名称は、近世ないし近代のもので、必ずしも天平当初の名称を正しく受け継いでいるわけではない。たとえば、いま羅睺羅と呼ぶ像は、瞑目した面貌だ。そのため、肉眼を失い天眼《てんげん》を得たという阿那律《あなりつ》として造像されたのではないか、と予てから指摘されている。また、須菩提のあどけない顔立ちは、経典記述の阿難陀《あなんだ》（阿難）を髣髴とさせるから、おそらくは阿難尊者だろう、と推測されてもいるのだ。

しかし、それはともかく、この清楚なたたずまい・純真無垢の面貌は、下世話にいえば、——絶品だ。この像の前に立てば、どんな心のモヤモヤをも、たちどころに雲散霧消させてしまう、そんな力を須菩提像は秘めている。比類なき清々しさ、といってよい。

ちなみに、須菩提その人は、釈尊の直弟子の中で、「空《くう》」思想をもっとも深く理解した人だ。空とは、すべては変化のさなかにある、ということ。しかし、人間は一体に、自分にとって好都合なことは、その持続を願い、一方、不都合は嫌悪の対象で、——一刻も早くなくなれ、だ。そして、そういう好都合・不都合は人それぞれだから、世の中ごたごたが絶えない。その点、須菩提は「無諍《むじょう》三昧」に住したという。空の覚知者は、おのずからそうした争いのない境地に進むのだ。

話を戻そう。十大弟子の現存六体の名称には、いくつかの問題があるが、それはそれとして据え置けば、残る四人は、優波離《うはり》・大迦葉《だいかしょう》・阿那律・阿難陀だ。このなか、優波離と称する像は、かつて大倉集古館が所蔵したが、大正一二年九月の大震災で焼失。大迦葉像については、その頭部だというのが大阪市立美術館にある。このほか、十大弟子像の木心とおぼしきものも残存するが（東京藝術大学保管）、頭部を欠いており、もはや誰の像か見当のつけようもない。先の伝でいえば、阿那律もしくは阿難陀ということにはなる。

ところが巷間、阿難像なるものがあり、数年前、クリスティーズのオークションに出品された。筆者は昭和五九年某所で、その像をつぶさに実見しているが、いってみれば、近代の作だ。さまざまな天平乾漆残片を用いてはいるが、そのためか軀体に違和感があり、新補の頭部もいけない。むろん、千年を超える脱活乾漆の経年変化の妙も感じない。興福寺十大弟子像とは別物だ、といっておきたい。

笑う肖像画

古今東西、肖像画は大抵すましている。多くは威厳を示すものだから、そうなるわけだ。が、ここに掲げた蔵俊《ぞうしゅん》（一一〇四～一一八〇）という僧徒の画像は、目を細め、目じりに皺を寄せ、そして、口を開けている。どうみても、笑っている表情である。だからといって、蔵俊は、なにかひょうきんなエピソードで知られる人ではない。というよりむしろ、平安時代末期「法相《ほっそう》の棟梁」と呼ばれたほどの学侶で、法相教学（唯識）の権威者として、当時の奈良仏教をリードした。そうであれば、ふつうは、そんな立場にふさわしい威厳ある表情こそ望まれよう。

蔵俊の起居した菩提院は当時、興福寺の教学センターの趣きで、その門下からは、解脱《げだつ》上人貞慶《じょうけい》（一一五五～一二一三）など多くの逸材が出た。蔵俊は最晩年、興福寺権別当に就いたが、それから間もない治承四年（一一八〇）九月二七日に遷化。歿後の建保二年（一二一四）には、その遺徳により、法印僧正の位官が追贈された。

なお、蔵俊遷化の年の一二月二八日、平重衡《たいらのしげひら》による南都焼打ちがあり、興福寺は一山

蔵俊像（提供：飛鳥園）

灰燼に帰した。九条兼実《くじょうかねざね》の日記『玉葉《ぎょくよう》』に記載された被害状況はすさまじく、周辺の小屋だけが焼け残ったとある。東大寺もかなりの被害を被り、一般的には、こうした南都炎上が有名で、堂塔の焼亡ばかりが注目される。が、興福寺はこの年、実に教学リーダーをも失っているから、治承四年という年は興福寺にとって、いわば心と形の両方を一度に失った衝撃の年だったのだ。

中世におけるその復興は、仏教美術のルネサンスとして名高いが、そうした形のみならず、教学面でも前代にみられない清新な展開をみせた。いわゆる鎌倉旧仏教の復興だが、蔵俊門下の人たちこそが、その中心的な担い手だった。

それはさて、蔵俊の画像でもっとも古いものは、延慶二年（一三〇九）西園寺公衡《きんひら》発願の『春日権現験記絵《かすがごんげんげんきえ》』（宮内庁保管）にある。巻一二の二カットがそれで、一つは春日一の鳥居辺りで春日大明神を拝する場面、もう一つは長講会で因明《いんみょう》の書物を講じている場面だ。どちらも、状況からして笑ってなぞおらず、至極真面目な面貌で目も細くはない（東京国立博物館蔵の剥落写し本による）。

ところで、かつての仏教の学修だが、その中心は論義問答で、学侶は日常的に法会の論義問答をこなし、また、さまざまな竪義《りゅうぎ》という口頭試問をパスしなければ、栄進できない仕組みだった。蔵俊はその論義に長じていたといわれ、なんと「八舌僧正《はちぜつ》」の異名もあったという。

ここで掲出画にもどれば、ちょっと見にくいが、開かれた口にかわいい舌が画かれている。もとより一枚だが、異名を意識した口元だ。そうであれば、仏教の道理を問答する図柄ということになるが、それにしてもこの蔵俊さん、相好を崩して、やっぱり笑ってる。

古きよきものを残すとは

いきなり掲出の写真だが、春日野の西南端に立つ興福寺五重塔の、中層から撮ったものだ。眼下に、猿沢池と奈良の市街地の一部が見える。

寺と池との間の、比較的広い道が三条大路で、平城京の住居表示でいえば、このあたりは左京三条七坊だ。このカットはおそらく、昭和三〇年代前半の撮影かと思われ、市街地はまだ風情のある瓦屋根が多い——。

しかし、これとて、永井荷風にかかれば、おそらくクソミソにちがいない。荷風は、大正四年の『日和下駄　一名東京散策記』で、

私は……京都奈良の如き市街は、其の貴重なる古社寺の美術的効果に対して広く市街全体をも其の境内に同じきものとして取扱わねばならぬと思っている。即《すなわ》ち……其の市街の生命たる古社寺の風致と歴史とを傷《きず》つけぬよう、常に慎重なる注意を払うべき必要があつた。然るに……眼前《がんぜん》の利にのみ齷齪《あくせく》して世界に二つとない自国の宝の値踏をする暇《いとま》さえないとは……。

五重塔から見た猿沢池

との自説を展開している。その伝でいえば、戦後の昭和なぞ話にもならないだろうが、それでも、今から思えば、まだまだ風情があったのだ。

世は、時代とともに移りゆくものであり、なにごとをも押し流して止まない。その上今や、光と音のページェントの舞台と化してもいる。ふたたび荷風の文言を引けば、

当世人《とうせいじん》の趣味は大抵《たいてい》日比谷公園の老樹に電気燈を点じて奇麗奇麗と叫ぶ類《たぐい》のもので、清夜《せいや》に月光を賞し、春風《しゅんぷう》に梅花を愛するが如く、風土固有の自然美を敬愛する風雅の習慣今は全く地を払つてしまつた。

という嘆き節になる。

これが、大正四年の状況だというから驚くが、昨今は年々歳々、その光量にしても関連催事の音量にしても、増大の一途をたどっている。樹木に「電気燈を点じ」る電飾なぞは、もはやどこの地方都市でも見かけられ、世はいよいよ、光の洪水と喧騒の巷を演出して、とどまるところを知らない。

が、それはどこまでも演出にすぎない。たとえば、——息をのむ。というように、ほんとうに美しいものに出会えば、私たちは声も出ない。そして、そういう沈黙というか静寂の中に、出会った美の何たるかを思いめぐらし、かつ深く味わうのだ。真なるものに目覚

めるのも、もとより同断であろう。

また、むやみに明るいからといって、ものごとの判断に利するというものでもない。早い話が、微妙な味を確かめようとするとき、私たちは、ほとんど無意識に目を閉じるではないか。

それはともかく、古きよきものを受け継ぎ、それを次代に受け渡すのが筆者らの仕事の一つだが、同時に困難ながらも、ある種の静寂と穏やかな光が綾なす空間を確保しなくてはいけないとも思う。古きよきものだけを隔離して残せばよい、というものではない。

春日権現験記絵の世界（上）

日本の神とは、日本人が考える神ということでもあるが、元来、山や海のむこう、あるいは、空のかなたにいるなにものかであり、それが時に、人の住む里を来訪するのだ。たとえば、奈良の年末を彩る春日若宮おん祭での、若宮のお旅所（里）への出御もまた、一昼夜で還御となる。このように、里には定住せず、また基本的に、神は無形であり、スガタ・カタチをとらない――。

だから、六世紀の中ごろ、百済から仏教が公伝した時、同使節が欽明天皇に献上した釈迦仏金銅像のキンピカには、ビックリ仰天したことだろう。当時、仏の何たるかもわからず、仏神《ほとけがみ》（ほとけという神）とか蕃神《あたしくにのかみ》（他国神）とみて、その扱いに苦慮した。

そのなか、伝統神祇の立場からは、「方《まさ》に今改めて蕃神を拝みたまはば、恐るらくは国神《くにつかみ》の怒りを致したまはむ」（『日本書紀』、傍点・引用者）と、仏教受容をけん制した。

この点、本居宣長（一七三〇～一八〇一）はいみじくも、神とは「可畏《かしこ》きもの」（『古事記伝』）と述べた。つまり、こわい存在である。そこで、神の来訪にさいしては、酒食を供し芸能を催して、神慮を慰撫するわけだ。

延慶二年(一三〇九)に成立した『春日権現験記絵《かすがごんげんげんきえ》』の巻一・第一話によれば、春日の神は、承平七年(九三七)二月二五日、おりから社参の興福寺僧勝円《しょうえん》に対して、「我ははやく菩薩に成にたり。……」と託宣し、自ら「慈悲万行菩薩と名のらせ給」うたとある。

ここだけ切りとれば、春日の神は、「可畏きもの」から「慈悲万行」(慈悲あふれるもの)へと、その本性を転換したかにみえるが、話はそう簡単ではない。験記とは要するに霊験記に他ならないが、単純な霊験譚ではなく、神慮に悖《もと》る行為に対しては、春日の神は、すかさず強い不快感を表明するのだ。

先に、神は無形だと述べたが、『春日権現験記絵』では、本地仏の像容で明示される他、しばしば衣冠束帯や童・若君の姿でも示される。が、その場合でも、後姿などで画かれ、表情を直接うかがい知ることはできない。

かつて林懐《りんかい》(九五一～一〇二五)という学侶が社参読経のおりふし、宮人が「鼓をならし鈴をふ」るのをうるさく思い、のちに春日社興福寺別当に栄進して、ただちにそれを停止した。巻一〇・第一話の後半は、その後日談だ。

「(春日本社)第二殿より、束帯に笏もちたる高貴の人いでたまふを」随喜した林懐だが、よくみれば、「権現よそよそに……林懐を御覧《ごらん》じて、御《み》けしきあら、かに御《おん》まなじりいとはげしくて、うちそむき給へり」——。林懐の驚くこと、尋常ではない。

春日の神は「法相《ほっそう》擁護の春日《しゅんにち》権現」、つまり、興福寺の法相教学（唯識）の擁護神だ。であれば、教学増進の林懐を不快に思うはずもないが、鼓の声も鈴の音も仏の世界に通ずるものだ、と述べてお隠れになったという。春日権現は、教学も芸能も好まれるのだ。

春日権現験記絵の世界（中）

『春日権現験記絵』の世界とは、端的にいって、春日の神と興福寺の仏菩薩の習合世界のことだ。

たとえば、本社第一殿・建御雷神《たけみかづちのかみ》の本地仏は釈迦如来だが（貞慶《じょうけい》説）、それは興福寺伽藍の中金堂の本尊たる釈迦如来に他ならない。また、それとは別に、不空羂索《ふくうけんさく》観音だともいわれるが、この観音もまた、同伽藍の南円堂本尊・不空羂索観音のことなのだ。

この別説もそうとう有力で、いつしか南円堂の内陣に春日赤童子《あかどうじ》像が厨子閉帳で祭祀され、当該堂宇の正面扉には注連縄《しめなわ》が張られるようになり、こんにちに至っている。そもそも南円堂の創建が後に五摂家を擁する藤原北家であり、また、その正面が東面して、春日山や御蓋《みかさ》山に向き合っていることなども、この説を有力なものにしているのだろう。

それはさて、前回でもふれたように、春日の神は「法相擁護《ほっそう》の春日権現《しゅんにちごんげん》」だ。つまり、興福寺の法相宗教義（唯識《ゆいしき》）の擁護神だから、学侶が唯識の学修に勤しめば、神慮に適うわけで、神もそれだけお悦びになる――。

たとえば、ある僧が法華経一部の読誦《どくじゅ》を日課として百日参詣したおり、春日の神は、「汝が法華経転読する、きわめて尊ければ随喜の涙にぬれたるなり。但し、唯識論を読ましかば、これよりは尊く覚ゆなむ」と述べられたという（巻一四・第三話、表記を一部改めた。以下同）。

ちなみに、この僧の参詣にはわけがあって、「興福寺に、九十人の悪徒を追い払うこと有りけるに、その随一なる僧の師匠」がこの僧。つまり、弟子が起した騒動を愁嘆して、明神にそのとりなしを祈ったのだ。それに対して神は、百日参詣そのものは、さきのように一定の評価をしつつも、「汝が申すことは適うまじき也」と否定している。興福寺は、そもそも唯識を学ぶ静謐な場であるべきで、事情がどうあれ、そうした場を乱すのは、法相擁護の春日権現の神慮に悖《もと》る行為なのだ。

むろん、その学修も、ただ学べばよいというものでもない。その姿勢や内容が問われるのだ。巻一〇・第二話は、康平二年（一〇五九）に維摩会《ゆいまえ》講師をつとめた永超《ようちょう》（一〇一四～一〇九五）の場合が取り上げられており、興味深い。

ある時、永超は春日の神の後姿を拝したというのだが、よほど自信があるらしく、つぎのように述べた。――私は久しく学業に励んで、いささか功成り名遂げました。小生こそが、興福寺のなかでただ独り権現を拝することができる者かと。しかし、後姿はともかく正面きって相まみえることができないのは、返すがえすも遺恨に存じます、と。

これに対して春日の神は、「申すところまことなり。深く随喜す。但し、汝……未だ真実の出離の道を求めず。これによりて、汝にまみえざる也」と語られたという。

要するに、永超の学修は、よくやってはいるが、「欲望からの離脱」という本来にいまだ沿ったものではない、というのだ。

春日権現験記絵の世界（下）

かの本居宣長がいみじくも述べたように、日本の神は元来、「可畏《かしこ》きもの」（『古事記伝』）だ。この伝統の神祇が、その後、外来の仏教と習合するのだが、だから、仏教の影響は、その「可畏きもの」の上におよぼされたものであるといってよい。

『春日権現験記絵』の場合、春日の神は自ら「慈悲万行菩薩」と託宣されており、人々は、その慈悲あふれる神徳にすがろうとしたであろう。しかし、人の行為が神慮に悖るものであれば、神はたちまち不快感を表明し、およそ慈悲とはいいがたいこわい一面を見せつけるのだ。

その好例は、『春日権現験記絵』巻四・第四話であろう。この霊験譚は、重い病を患った内大臣の三条公教《きんのり》（藤原氏）が、親しい興福寺僧二人に命じて、春日社に病気平癒を数日祈願させた。そんなある日のこと、一人の巫女（すでに春日神が憑りついている）が、その両名につぎのように告げたという（表記を一部改めた）。

――かの祈り申す事は助くべけれども、身《み》氏人《うじびと》として大位にのぼりながら、敢えて我を崇めず。尤も遺恨也。しかあれば、このたび命をめし了《おわ》りぬ。

右大臣公教の命を取り上げた、という巫女の話を怪しんだ両名の僧、ともかくも上洛しようとするが、その道すがら、京からの使者に遇い、公教死去の報に接したという。

三条公教（一一〇三～一一六〇）は、政務を好み、右大臣にまで栄進した人だが、氏神崇敬の念は薄く、そのため、春日明神の救済を得ることができなかった。というか、明神は「助くべ」き「命をめし了」った、というのだから、まさに「可畏きもの」という他ない。

むろん、「慈悲万行菩薩」としての春日の神は、「汝は我を捨つれども、我は汝を捨てず」という有名な誓願をもつ。それとこれ、つまり、公教を救済対象から外して神罰を下したのと矛盾するが、いわば「慈悲の衣の下の鎧」が時にむき出しになった事例といえるかもしれない。このように、一口に神仏習合とはいうが、状況はなかなか複雑なのだ。

よく知られているように、慶応四年（一八六八）三月、「神仏判然令」が発布された。春日社興福寺でいえば、春日社頭の仏教色は悉く撤去、一方、興福寺内の総宮社など神祇施設は春日社に移され、いわゆる神仏分離が急ピッチで進められた。

しかし、それは多分に外形的な神と仏の仕分けであり、肝心の春日の神徳については、相変わらず「慈悲万行」のままだ。そこに多少の読み換えがあるとしても、慈悲は慈悲であり、そのかぎりにおいて、仏教色を除外することはできない。

一方、神仏習合には、千年を超える長大な歴史の積み重ねがあるけれども、「可畏きもの」という伝統神祇の特色もまた、慈悲の衣の下で健在だという他ない。

慈悲万行宝号

春日明神は、興福寺僧徒にとって「法相《ほっそう》擁護の春日権現《しゅんにちごんげん》」であり、「慈悲万行菩薩」として篤信してきた。そして、いわゆる神仏分離後の現在においても、たとえば、内陣に春日赤童子《あかどうじ》像（厨子閉帳）を祀る南円堂では、勤行にさいして「南無慈悲万行菩薩」とその宝号を唱えるのだ。

この慈悲万行という菩薩名は、承平七年（九三七）二月二五日の託宣で、いきなり出てきたものだが（『春日権現験記絵』巻一・第一話）、実は、名の由来がはっきりしない。

ただ、承平七年当時の太政大臣藤原忠平が、左大臣だった延長二年（九二四）一一月に、「万慈悲像」を図せしめ、また、翌年三月には「万慈悲供」を行なっている（『貞信公記抄』）。あるいは、こうしたことがもとになって、「慈悲万行」という菩薩の名があらわれたのかもしれない。――と、推測する宮井義雄説は注目に値する。

加えて、春日の四所明神（後に若宮を加えて五所明神）を表わすのに、本宮第三殿の本地仏であり、無仏時代の救済者・慈悲の権化ともいわれる地蔵菩薩の像容をもってすることが久しく行なわれている。これを「春日地蔵」と称するが、そのこともまた、慈悲万行の名の由来を考える上で忘れてはならないことだろう。

それはさて、こうした慈悲万行宝号の書跡だが、意外に伝わっていない。寛永の三筆・近衛信尹《のぶただ》のは、古筆学の小松茂美博士過眼の作例で、珍しいものだといわれる。むろん、他にないわけではなく、近衛家第一三代当主の政家（一四四四〜一五〇五）の筆になる一本も残っている。

これは、古美術・骨董に造詣の深かった唐招提寺第八一世長老の森本孝順さん（一九〇二〜一九九五）旧蔵の慈悲万行宝号――。関白の座に在った文明一四年（一四八二）の年紀があり史料的価値もあるが、それよりなにより、その端正というか謹厳実直な書きぶりに、当時の藤原氏の氏神への崇敬が見て取れ、むしろ好ましい作例といえよう。なお、政家息男の良誉は一乗院門主で、興福寺第一九四世別当を務めた。

ところで、長実房英俊《ちょうじつぼうえいしゅん》の『多聞院日記』天正八年（一五八〇）七月一〇日条に、つぎのような記事が出ている（表記を一部改めた）。

薬屋宗芳来たって、……普賢寺殿の御筆の慈悲万行菩薩の印《しるし》、唐紙に書きたるを愚身に与え了《おわ》んぬ。……今生の思い出、扨々《さてさて》尽くし難き事なり。深く崇め奉るべし云々。

則ち、表補慶禅に之《これ》を申し付ける。

春日明神への尊崇では人後に落ちない長実房が思いもよらず、あの普賢寺殿（一一六〇〜一二三三　藤原基通。平清盛の娘婿で、安徳天皇の摂政）の慈悲万行宝号を得たのだから、まさに僥倖《ぎょうこう》だったろう。ただ、本紙のみだったので、長実房はさっそく表装を依頼し、一〇日後「表補出来」。宗芳らを招いて閑談している。これが伝世していれば、あるいは、慈悲万行宝号の代表作例になっていたかもしれない。

楽毅論

筆者が住持する興福寺は、山階寺《やましなでら》と厩坂寺《うまやさかでら》という二つの前身寺院をもつが、藤原不比等が現在地（平城京左京三条七坊）に移した和銅三年（七一〇）を以て、創建年次とする。だから、平成二二年（二〇一〇）は創建一三〇〇年だった。

その長大な歴史を一瞥すれば、興福寺ほど堂塔の焼失と再建を繰り返した寺院はない。繁栄と衰退、その紆余曲折——。そして近世、春日社興福寺として二万余石の知行を受け、辛うじて格式は保たれたが、明治維新後の混乱と荒廃は、これまた凄まじかった。それを思えば、今に受け継がれていること自体、ほとんど奇跡といってよいかもしれない。

当山境内は明治初年以降、あまりにも公園的形状になっているので、創建一三〇〇年の平成二二年を中心に前後各一〇年、つまり、平成三二年までの二〇年間を「創建一三〇〇年記念事業期間」と位置づけ、境内の史跡整備（第一期）を行なっている。その眼目は、享保二年（一七一七）に焼失したままになっている中金堂の再建で、平成三〇年一〇月の落慶を目前にしている。

興福寺は、先にも述べたように、焼失と再建を繰り返してきたが、再建にあたっては常に、旧様式を採用し旧規模に復することを旨としてきた。つまり、興福寺再建のテーマは、いつの時代も「天平回帰」だった。今回の境内の史跡整備・中金堂の再建も、テーマはやはり天平回帰で、「天平の文化空間の再構成」を合言葉にしている。

ところで、その天平とはどんな時代であったか――。遣唐使の帰国で持ちこまれた天然痘の大流行による死屍累々や、陰湿な権力闘争など、暗い様相も呈したが、一方、今に伝世する文物からは、端正であり典雅であり、そして、力強さ（剛勁《ごうけい》）が伝わってくる。つまり、そういう時代でもあったのであり、その端正・典雅・剛勁の時代精神が、自ずから文物に反映しているのだと思う。

伝世の天平文物といえば、正倉院御物をはじめ、興福寺でいえば阿修羅像や須菩提像などの天平乾漆群像が想起されるが、御物の聖武天皇宸筆「雑集」や光明皇后親筆「楽毅《がっき》論《ろん》」、あるいは、天平写経を一見すれば、まさに端正・典雅・剛勁そのものといってよい。

このなか、「楽毅論」は筆者のもっとも好むもので、「赤城　和漢名蹟叢書」第三八巻の『光明皇后御書　楽毅論』（昭和一三年）は、常にわが座辺にある。法帖仕立の本書は、王羲之の書の模本を添付し、編纂記によれば「御書は二倍に展大してある」。カットは、そ

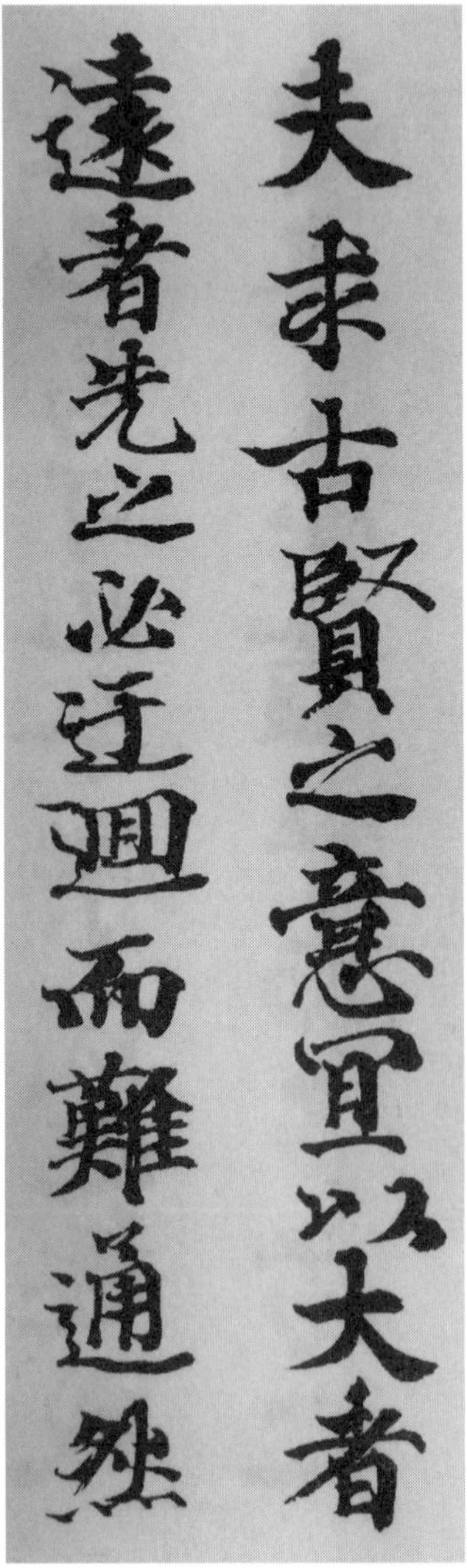
夫求古賢之意宜以大者
遠者先之必迂迴而難通然

楽毅論

の一部である。

光明皇后親筆「楽毅論」は、巻末の「天平十六年十月三日　藤三娘」の書写日付と署名の二行が、本紙に貼り継がれた別紙に書かれてあることや、署名の「藤三娘《とうさんじょう》（藤原不比等の三女）」がやや不可解なことなど、皇后親筆を疑う見解もある。が、それはともかく、その筆致は、文字通り剛勁という他なく、国家として歩み出した日本の意気込み——、なにかそんなものを感じさせる。

受け継ぎ、受け渡す

二〇二〇年の東京オリンピック・パラリンピックに向けた競技施設の建設が、なにかと騒がしい。そのなか、これから造ろうという段階で、その施設のレガシー（遺産）をことさらに言い募るのは、いってみれば、ある種のエクスキューズ、もしくは、目くらましだろう。

つまり、これから造る施設も後の世に資するのだから、――少々高くついてもいいじゃないか。というわけだ。が、所詮は鉄筋コンクリート造り、持ちがわるいのだ。加えて、昭和三九年（一九六四）の東京オリンピックの、メイン・スタジアムだった国立競技場はまだ使えるのに、なぜか手際よく毀《こぼ》たれた。

さまざまな思惑が交差するのだろうが、要するに、たかだか五〇年のいのちなのだ。まあ、そんなこんなで、昭和（戦後）・平成の日本社会は、未来に歴史的建造物を何も残さないのかもしれない。

片や、いにしえの日本である。わが奈良には、古代から近世にかけての社寺建造物がわんさとある。それらは木造だから、五〇年経てば小修理、一〇〇年ないし二〇〇年も経てば、修理も大規模にならざるを得ない。しかし、なにせ木組みだから、解《ほど》いて朽ちた部分を取り替え、それらを再び組み上げれば、文字通り、復原する。こうして、五百年千年……と受け継がれてきた。

こうした木造建築には、前にあった建物の部材の一部を転用したり、あるいは、全体を移築して再利用する事例も少なくない。たとえば、養老二年（七一八）平城京に移された元興寺の禅室（国宝）には、前身寺院の飛鳥寺の部材が使われている。そのなか、古いもの（一九五一年終了の解体修理で取り外され、屋根裏に保管）では、五八八年直後に伐採されたヒノキから造られたことが、年輪年代法の調査で確認されている。

また、平城宮の建物の寺院建物への転用としては、唐招提寺の講堂（国宝）がある。これは、東朝集殿《ちょうしゅうでん》を天平宝字五年（七六一）前後に移築・改造したものだ。しかし、こうした建造物の一部ないし全体の再利用は、なにも遠い昔の話ではなく、実は現代でも時に行なわれる。二例ばかり、短文紹介しておきたい。

一つは、興福寺の筆頭院家だった旧一乗院の宸殿《しんでん》の移築で、昭和三九年に行なわれた。現在、唐招提寺の開山御影堂《みえい》（重要文化財）として用いられている。一乗院は江戸幕末に廃絶。建物はその後、近年に至るまで奈良地方裁判所として使用されていた。同地裁の新庁舎建設にさいして、慶安（一七世紀中期）再建当時の姿に復原・移築された。

もう一つは、薬師寺の伽藍復興にともなう旧金堂（一六世紀中期に基本的成立）の、興福寺への移築だ。昭和四六年に解体し、同五〇年に興福寺仮金堂として転用された。興福寺中金堂再建も工事が終盤に入った現在、仮講堂と名称変更し、引き続き活用されている。

いってみれば、モノの再利用だが、そこに受け継ぎ・受け渡すココロが育まれている。

唐院承仕

日本文化の根幹は何か――。などといえば、話は難しくなるが、たとえば、異質なものを巧みに結び合わせ、独特の綾なすカタチに仕立て上げるなにものか、といってもよいかもしれない。伝統の神祇と外来の仏教との習合も、その範疇に入るだろう。

奈良の地に根づく神仏習合は、連綿と受け継ぎ・受け渡されてきた。が、慶応四年（一八六八）の神仏判然令によって、その混淆が禁じられた。「春日社興福寺」として、文字通り一体化していたこの奈良の巨大宗教組織は、混乱を極めた。その上、明治四年（一八七一）の上知令によって寺社領が没収され、ここに春日社興福寺という神仏習合組織は壊滅した。

興福寺の筆頭院家の一乗院やそれに次ぐ大乗院をはじめ、学侶の多くは還俗し、新神司の称号を得て神勤めの身となった。そういう人たちには、華族に列せられた人も少なからずいた。そんな奈良男爵を揶揄する「坊主頭に冠のせて、のるかのらぬか、のせてみよ」の戯れ歌が流行ったという。

しかし、明治八年（一八七五）になると、状況が少しづつ変化し、興福寺と密接な関係にあった西大寺の長老が興福寺の管理を命ぜられ、同一四年には、旧興福寺関係者たちによる再興願が内務省の認可を受け、ここに興福寺は復興へと歩み出した。そして、その思想ベースは従来通り、実に神仏習合だった。

これは仏教側にほぼ共通しており、たとえば、法要に神々の影向《ようごう》を請う「神分《じんぶん》」の一段があるが、いわゆる神仏分離後も相変わらず、その神分の文章（……日本国中の大小の神祇、殊には春日権現《しゅんにちごんげん》、云々）が読み上げられ、現在に至っている。

それはさて、よくわからないのは、明治四年から八年までの、興福寺伽藍の管理状況だ。端的にいえば、管理責任者不在だったが、それにしては、主要堂塔とその内陣安置の尊像に、大きな被害がなかった。

むろん、築地の大垣はことごとく毀され、中金堂（江戸時代末期の仮堂）は役所に転用されるなどしたが、伝来の主な尊像は意外に事なきを得ていた。それにはやはり、なんらかの管理的な働きがあったと考えるのが自然であろう。結論を急げば、旧興福寺の唐院《とういん》承仕《じょうじ》たちが水面下で、従来の管理業務を続行していたのではないかと思うのだ。

唐院は、江戸幕末まで興福寺伽藍の堂塔修理や公物管理を所管した部局で、執行局員の承仕数名を擁し、住持には西大寺系の律僧が入院した（これに類するものに新坊《あたらしぼう》があり、住持は唐招提寺系の律僧）。この唐院承仕を代々勤めたのが中村家で、万延元年（一八六〇）ないし明治一四年頃の当主は堯圓《ぎょうえん》（同三一年没）、その息男が雅真《がしん》だ。ともに奈良骨董では名を馳せた。雅真はその後、昭和一八年まで興福寺の筆頭信徒総代として、その復興に尽力した。なお、雅真の弟・正久は嘉納家を継ぎ、白鶴美術館を創設している。

俊寛のことども

◇

能「俊寛《しゅんかん》」の展開は、考えてみれば、なかなか皮肉である。丹波の少将成経《なりつね》と平判官康頼《やすより》が配所の孤島に勧請した三熊野《みくまの》に詣でた後、二人に出会った俊寛は、「道迎への其《その》ために、一酒を持ちて参りて候」などと語って、それなりに上機嫌に出てくる。むろん、こんな配所にいつまで流されていたらよいのか、という思いはあるし、都にいた時分の栄耀栄華もしきりに思い出される。

そうこうしているうちに、都からの赦免使が鬼界が島に到着する。そして、赦免が成経と康頼の二人だけだとわかった瞬間の、「こはいかに罪も同じ罪、配所も同じ配所、非常も同じ大赦なるに、ひとり誓ひの網に洩れて、沈み果てなん事はいかに」という俊寛の驚きと落胆――。さらに、赦免状を引ったくるようにして繰り返し読んだり、「もしも礼紙《らいし》にや有るらん」と、巻き返して自分の名前を探す狼狽ぶりは、出の上機嫌と対比して、激しい落差を感じさせる。

それにしても、その揚げ句が、赦免使の舟に是が非でも乗ろうとして康頼の袂に取り付いたり、なおも「公《おおやけ》の私《わたくし》と云事《いうこと》のあれば、せめて向かひの地までなり共、情《なさけ》に乗せて賜《た》び給へ」と、もはや恥も外聞もない体たらくである。かの名高い法勝寺《ほっしょうじ》の執行《しぎょう》という高位にあった一代の名僧なら、――高倉帝中宮（平清盛の娘）の御産祈願の大赦なぞ、受けはせぬ。と、ここは反平家の気分なりとも貫いてほしいところだが、絶海の孤島に独り取り残されるという恐怖のどん底に、俊寛僧都は落ちたのだ。

◇

俊寛たちの配所・鬼界が島は、奄美群島の喜界島との説もあるが、まずは鹿児島県三島村の硫黄島《いおうじま》が順当だろう。こちらのほうが本土に近いのだが、かつてなら、硫黄島はすでに絶海の孤島であったろう。しかし、いずれにしても、独り取り残されたはずの俊寛が、その鬼界が島をひそかに脱け出し、奈良に身を寄せたという伝説がある。

享保二〇年（一七三五）の地誌『奈良坊目《ぼうもく》拙解』の〈紀寺町〉の項に、つぎのように記されている（原漢文。表記をわかり易く改めた）。

里諺に曰く、法勝寺執行俊寛僧都、潜かに鬼界ヵ島を出《いで》て、而《しか》る後、南都に隠居す。是れ、従者有王丸《ありおうまる》が所為なり云々。紀寺郷《きでらごう》東の野外を謂いて鬼界と曰う。即ち、俊寛密居の地、故に鬼界島と名づく。一書に曰く、僧都俊寛は、興善院贈僧正《ぞうそうじょう》蔵俊の弟子なり。治承の年に罪有りて硫黄島に配流《はいる》。その後、有王丸、彼《か》の島に渡り、潜かに伴帰して南都に置く。正覚寺即ち是れなり云々。

こうした伝説について、この地誌の著者も「未詳」だとか「此説不然」、あるいは「然哉否哉」などと述べて、概ね事実とは見なしていない。が、それはさて、ここに出てくる蔵俊は、興福寺権別当にも任ぜられた平安末期の奈良を代表する学侶であり、また、正覚寺も興福寺末――。つまり、この話はその当時、反平家有数の旗頭だった興福寺の奈良が舞台なのだ。果たして、治承四年（一一八〇）一二月二八日、重衡による南都焼打ちのことがあり、興福寺は文字通り一山灰燼に帰し、また、東大寺も大きな被害を蒙った。

俊寛の鬼界が島脱出・南都潜入の伝説も大枠、そういうところから語られたものであろう。なお、これに関連して、「俊寛塚」というのが猿沢池の東、菩提谷の一郭にある。このエリアは、興福寺伽藍の南限を区切る三条大路を南に越した「（興福寺の）菩提院方」と呼ばれる辺りで、さきの蔵俊とも縁が深い（興善院は菩提院方の一院）。現在、供養塔の基礎部分とそれを示す石標とが残っているにすぎないが、昭和二〇年以前撮影と思しき写真をみると、その時でさえ供養塔は完好ではないから、明治維新後、菩提谷にも民家が建ち出して、徐々に侵食を受けて現在に至った模様だ。

◇

ところで、筆者はかつて、もう一方の喜界島をも訪れたことがあるが、そこの海は、目も醒めるようなエメラルド・グリーンで、「この世のものと思えぬほど美しかった」と、当時どこかのコラムに一文を寄せた。もしもそういう喜界島が、いうところの鬼界が島であったなら、たとえ独り取り残されたとしても、やがては、都の権謀術数に病んでもいたであろう俊寛の心を、あるいは十分に和ませたかもしれない、と思ったものだ。

現に、菊池寛や芥川龍之介が描いた解放感あふれる俊寛というのもあって、俊寛には、いろいろ想像をたくましくさせるものがあるらしい。なお、平成二五年秋、陽明文庫所蔵「兵範記《ひょうはんき》」(平信範の日記)の紙背の書状が、高精細デジタル化処理で俊寛の自筆であると確認され、その部分が公開された。筆者も一見におよんだが、署名の「法眼《ほうげん》俊寛」は、寛字の一部が切れてはいるが、まずは流麗な筆跡だった。

神仏・鷹山・スベリヒユ

日本文化の根幹は何か――。なぞと言い出せばハナシは難しくなるが、私は文句なく、それは神仏習合思想だと考えている者だ。げんに「南都春日興福寺古儀」をうたうこの薪御能も、その範疇にある。伝統性の神祇と外来性の仏教とが相和《あいわ》す中に豊饒な世界が築かれてきた――、それが私たちの日本ではないのか、と思うのだ。つまり、そういう世界では、神といえば仏であり・仏といえば神であり、そして、人がそうした〈人間を超えたもの〉と、なにかにつけ交流していたのだ。

この点、藤沢周平さんの『漆の実のみのる国』を読み直していて、主人公の鷹山《ようざん》上杉治《はる》憲《のり》（明和四年―一七六七―四月二四日、第九代米沢藩主となった）のつぎの行動が興味深かった。やや長いがそのまま引用してみたい。

（同年）八月一日に、治憲は内使を派遣して国元の春日社に誓詞を納めた。内容は、文学、武術を怠慢なくつとめること、民の父母という心構えを第一とすること、質素倹約を忘れぬこと、言行ととのわず、賞罰正しからず、不順無礼のないようつつしむことなどで、まず最初に上杉家の祖神である春日大明神に、新藩主としての在るべき心構えを誓ったのである。

さらに翌月の九月六日に、治憲は国元の白子神社に再度ひそかに使いを派遣して、つぎの誓詞を納めた。

連年国家衰微し、民人相泥《あいなず》み候、因《よ》って大倹相行い、中興仕《つかまつ》りたく祈願仕り候、決断若《も》し相怠るに於ては、たちまち神罰を蒙るべき者也。

大倹は言うまでもなく大倹約令のことである。これを治憲は改革の中核に据えて、藩を再生することを誓ったのであった。

かの鷹山公が先ず「春日大明神に誓った」というのは、春日興福寺の神仏習合文化としてうれしいが、それはともかく、ここにみられるのは人間至上ではなく、〈人間を超えたもの〉にわが言行を殊勝に誓うもので、その大本《おおもと》は、人間は元来、微小微弱な存在だという自覚であろう。この自覚と〈人間を超えたもの〉への誓いによってこそ、鷹山上杉治憲の大倹も奏功したのだろう。

ひるがえって、現代の私たちはどうか——。というつぎの展開は、それぞれの立場でこれを行なうとして、かの治憲の大倹とは、たとえば平常の食事は一汁一菜とする（歳暮は一汁二菜)、普段着は木綿を着用する、軽品でも音信贈答を禁ずるなどであった。食いしん坊の筆者としては、一菜や二菜が気になる。

同じ江戸時代の興福寺の学侶日記には、食事のくわしい記述がけっこう載っており、たとえば「鈴鉢　イリ酒タメテ　スベリヒユ」という一品がある(長祐「毎日雑々記」万治四年——一六六一——五月二五日条)。これはおそらくスベリヒユをゆがき、炒った酒をからませたものだろう。スベリヒユは『万葉集』にもみられるが、食用の菜《な》と食用でない草との中間にあるような微妙なもので、現在では、もはや雑草といってよい。

——はずだが、ネット検索すれば、なんと「山形ではスーパーでも売っている」とある。そこで、山形の知人に質してみると、「スベリヒユは、こちらではひょうと言って、まだ一般的に食べられています。……お浸しでは、つるむらさきの様にヌルヌルしていて、酢醤油で頂きます。云々」というではないか。乾燥スベリヒユをもどして、醤油で煮付ける一品もある、と。米沢藩は、現在の山形県東南部の置賜《おきたま》地方を治めた藩だから、なるほどだが、春日の神や白子の神に差し出した治憲の誓詞の精神は、かくも息が長いのだ。

『南都年代記』の話

ここに『南都年代記』と呼ばれる史料がある。これは興福寺版「皇年代記」のことで、原本は、興福寺円明院に伝来した『皇年代記　付長者寺務次第』（興福寺蔵）である。

その存在を知ったかの塙保己一《はなわほきいち》は、『興福寺略年代記』として群書類従に収録した。この書は、いわゆる皇年代記に歴代の（藤原）氏長者と寺務つまり興福寺の別当を太字で書き加えたもので、各年毎に特記すべき社会の出来事や春日社興福寺関連の事跡が細字で書き込まれている。

塙保己一の群書類従収録本は、なぜか天正五年（一五七七）で終っているが、実は興福寺本はなお寛延三年（一七五〇）まで及んでいる。それで、近世の奈良を知る上でも恰好の略年表だというので、近年、といっても五〇年前の昭和四〇年（一九六五）だが、「奈良市史編集審議会会報付録」としてその影印本が刊行された。そのさいのタイトルが『南都年代記』だ。

便利なものなので、筆者もその影印本を座右に置き、なにかといえば日を通しているが、むろん、薪御能関連の記事も多い。たとえば、天正元年（一五七三）の項には、「二月十五日薪之能、式三番の後より雨降る故、門之能を食堂の前の細殿に移し申す例これ在り」とある（傍点、引用者。また、読みやすいように表記を改めた。以下同）。

屋外の行事は今も昔も、主催者にとって天候が気になるが、急に降ってきた場合、このように細殿《ほそどの》に場所を移して催行した例もあったのだ。細殿は南大門から近いし、ほとんど吹き抜けの建物だったから、好判断であろう。この「食堂《じきどう》の前の細殿」とは、現在でいえば、国宝館の正面入口からやや内に入った部分に当る。国宝館は、前にある細殿とその奥の食堂とがかつて軒を接して建っていたので、それらの外観を天平様式で復原した建物で、昭和三四年に竣工した。現在、私たちが進めている境内整備「天平の文化空間の再構成」のさきがけと位置づけられるものである。

ところで、その天正元年の翌年に、信長が奈良入りしている。このとき、東大寺正倉院の名香・蘭奢待《らんじゃたい》を切り取るという有名な行為に出たが、春日七堂（春日社興福寺）などは概ね静かに見て廻ったらしい。が、その後、世は急展開して、同一〇年（一五八二）の惟《これ》任《とう》日向守光秀の謀反を経て、たちまち秀吉の時代となった。

そして、同一三年『南都年代記』に突如、豊臣秀吉の名前が太字で記され、「昭宣公

（→藤原北家の基経）より以来《このかた》、藤原嫡流の処、他姓の人の関白たる事、これ始也」と細書された。

かつて、慈円《じえん》（一一五五～一二二五）がその著『愚管抄《ぐかんしょう》』で、――保元元年七月二日、鳥羽院ウセサセ給テ後、日本国ノ乱逆ト云コトハヲコリテ、ムサ（→武者）ノ世ニナリニケルナリ。と述べたことはあまりにも有名だが、そのムサが今度は、関白までをも襲ったのだ。ただ、「他姓の人の関白」とあるが、これは舌足らずで、その点、たとえば『多聞院日記』は同年七月一一日条で、「秀吉は（中略）近衛殿大御所の猶子」と明記している。そして、関白にでもなるのだろう、前代未聞のことだとも記しているが、果たして、同月、秀吉は姓を藤原と改め関白におさまった。

秀吉は無類の能狂いだったから、早速、お祝いの能が行なわれたらしい。

第二部　こころの水鏡

ネットに飛び交う「生コトバ」

こころの中は、当たり前ですが、見えません。だから、心中に秘めたコトバは、聖人君子ならいざ知らず、一体に荒っぽいものです。他者《ひと》には、わかりませんからね。たとえば、気にくわない人は、〈あんなヤツ、くたばれ〉でしょう。

これはもう完全な呪いで、宗教的には大問題ですが、それはさて、外に出ないコトバだけに、少なくとも当面、問題にはなりません。が、昨今のインターネット上の匿名書き込みは、こうした生の心中コトバがそのままで出ているのですね。

二〇一六年二月に書き込まれた《保育園落ちた日本死ね！！！》は、その好例です。全文を読みましたが、子どもを保育園に預けられなかった憤懣を、そのまま表に出したという感じです。

だから、コトバ遣いも乱雑ですし、内容もハッキリいって八つ当たりです。気持ちが、そうとう尖っていたことがわかります。

しかし、匿名であっても、こうした生の心中の思いがいったん世の中に出てしまえば、それに群がるように、おびただしい荒っぽい心中コトバが飛び交います。まともな意見もありますが、なかには、読むに耐えないもの、意味不明なものもけっこうあります。

そんな中、東京都杉並区議のブログは、《日本死ね》のネット上の書き込みを「便所の落書き」とし、「事情がどうであれ、『死ね』というほど日本が嫌なら、日本に住まなければ良いのです。」などと言い放ちました。

たとえ落書きであっても、区議としてその社会学的意味を推し測れば、地域のためにもなるでしょうが、こうなれば、もう場外乱闘です。そして、残念ながら、時間とともに肝心の問題そのものがぼやけていきます。

ネット上の匿名書き込みは、心中の生の思いが綴られてこそ意味があるのかもしれませんが、読む他者を想定しているでしょうから、ほどよく抑制されたコトバ遣いも必要だということを、もうそろそろ意識したいですね。

心の中こそ　あざむかないで

私たちは、いうまでもなく社会の中で暮していています。だから、評価が常についてまわります。というか、他ならぬ私たち自身が、なんらかの評価を求めています。むろん、いい評価を、です。――これくらいだろう、という自らの想定に見合うような評価が与えられたら、わが意を得たり。思ってもみない過大な評価だったら、いちおう謙遜《けんそん》しつつも、まんざらでもないでしょう。反対に、かんばしくない評価だったり、評価にも値しないと無視されたら、不満・憤懣《ふんまん》がつのります。一喜一憂・憤喜こもごも、私たちは日々、こうした評価に揺さぶられて生活しています。ホント、疲れますねえ。

しかし、そんな社会的評価のおよばない世界もあります。それが実は、心豊かに生きるポイントなのですね。

君子としての心の在り方や身の処し方を、切れのよい短文で示す『菜根譚《さいこんたん》』（一七世紀）に、「暗中」というコトバが出てきます。人の見ていないところ、という意味ですが、端的にいえば心の中のことです。その暗中で、欺隠《ぎいん》しないことが大事だというのです。そこは誰の目にもふれませんので、真実や事実をあざむいたり、不実を隠して知らんぷりしてもわかりません。が、そこにこそ実は、神仏のまなざしが届いているという考え方です。神仏はどうも、というのであれば、なにか人間を超えたもの、サムシング・グレートといっても構いません。

いずれにせよ、そうした視線を意識すれば、たとえ暗中であっても欺隠せず、できるだけ真・善・美に寄り添おうとするでしょう。そして、そのことが、私たちを完成度の高い人間として育んでいくというのです。君子とか仁《じん》、あるいは、義《ぎ》というような東洋古典のいかめしいコトバも、およそそのあたりのことを述べているのだと思います。

たとえば、かの陶淵明《とうえんめい》（五世紀）は、「朝に仁義と与《とも》に生《い》くれば、夕《ゆうべ》に死すとも復《ま》た何をか求めん（朝に仁と義とに生きることができるなら、夕べに死んでも何の不満があろうか）」と言い切りました（原漢詩の書下し・現代語訳は、岩波文庫から引用）。

そこは、社会的ないかなる評価もおよばない世界です。そして、それこそ、まがい物でない心の豊かさです。心の豊かさといえば、私たちはソフトやマイルドなものを連想しがちですが、覚悟の要ることなのですね。

野球にみる日米文化の違い

セ・パ交流戦も一段落しました。近ごろはキャッチボールもしませんが、野球は大好き。中学生の前後は巨人ファン、大人になってからは阪神ファンです。——節操がないな。と、いわれそうですが、それはさて、だから、パリーグのことはほとんど知りません。が、それにしても、交流戦をみて思うのは、同じ日本のプロ野球でも、リーグによって、やはりいろいろ微妙にちがうのですね。

そういうなか、同じといっては変ですが、どの外人選手も例外なく、やたらに唾《つば》を吐きます。これは、日本の選手にはあまり見られない光景です。

テレビの画面が大きくなり、画質も良くなったので、唾を吐くシーンも、それだけ鮮明に映し出されるので、印象に残るのかもしれません。

しかし、とかくアメリカの影響をもろに受けるこのスポーツでの、このちがいは、やはり文化のちがいという他ありません。ロナルド・キーンさんによれば、日本人の特質は、①あいまい（余情）、②はかなさへの共感、③礼儀正しい、④清潔、⑤よく働く、の五つにまとめられるのだそうです。このなか、いまの場合、さしずめ③と④ですね。

加えて、グラウンドへの思いも多分、ちがうのでしょう。日本文化の色濃い相撲の土俵や柔道の道場――、それに類するいわば道場観が、日本のプロ野球選手にもあるのではないですか。とすれば、唾など吐けません。

そういえば、桑田真澄選手が三九歳でメジャーデビューを果した時のコメントは、「心の中で野球の神様に『ありがとうございます』と。それだけです」でした（二〇〇七年六月一一日付「朝日新聞」夕刊）。

こうした「人間を超えたもの」と共にある人は、やはりさわやかです。試合が終われば、監督もダッグアウト内で、脱帽してグラウンドに向かって一礼しているのを、時々見かけます。

こういう礼儀の正しさの淵源は？　プロ野球をはじめ日本の野球界に人材供給している高校野球の存在が大きいのでは、と私には思えます。さわやかな高校球児の活躍する夏も、もうすぐです。ワクワクしますねえ。

いつまで続ける未来の先食い

私の両親は明治生まれで、お金は不用意に貸し借りするものではない、という考えだったと思います。つまり、直接そのことを注意されたわけでもないのですが、欲しいものがあるなら、貯《た》めたお金で買い、それだけのお金がないなら、当面ガマンするしかないのだな。そう思って、暮らしてきました。

そんな古風な両親に育てられましたから、こと借財については、漱石さんではないですが「一日の清閑《せいかん》、債鬼なし」と胸を張りたい。ですが、一千兆円もの赤字国債のことを思うと、いささかならず複雑な心境になりますね。子や孫の代に借金しているとか、未来のカードで決済しているとか……。いずれにせよ、今あるわけでもないお金をジャブジャブ使って、それを未来に付けまわしています。

時間はふつう、過去↓現在↓未来と流れていきますが、考えてみれば、未来↓現在↓過去という流れも、たしかにあります。

たとえば、十日後の日曜日、友だちと会う約束をします。それは未来のことですが、そのうち十日経って、その日という現在を迎えます。そして、その楽しいひと時も、たちまちのうちに過去となる――。

そうであれば、未来はなにもないわけではなく、その未来になにかを設定して、それを現在に取りこむことも可能、といえば可能です。ひと昔前、――立ってるものは、親でも使え。と、そんなことをいいました。たとえ親でも、立っているついでに、「それ、取って」と親を使ってもいい、と。それが今や、まだ生まれてもいない孫やひ孫の代のものまで、先食いしています。そんな宴《うたげ》をいつまで続けるのか、ということですね。

ある表白《ひょうびゃく》（導師が読む法要の趣意書）に、「九《く》年の蓄え」という言葉が出てきます。これは『礼記《らいき》』の、「国、九年の蓄え無きを不足と曰《い》」うというのが出典ですが、そのあと、「六年の蓄え無きを急と曰い、三年の蓄え無きを、国其国《くにそのくに》に非《あら》ずと曰う」、と続きます。

これは、ある種の警告でしょう。こうした古典にねむる知恵をどう活かすか、私たちは問われているのだと思います。

人間は本来、善なのか悪なのか

「世の中、なにか殺伐としています。ほのぼのとした気持ちになりたい」と、思わずにはおれません。

むろん、好《よ》い出来事がないわけではありませんが、残忍きわまりない事件や、巧妙な手口で人さまの金員をかすめ取る事件などが続発しています。

――人の世とは、そういうもんだ。と、いってしまえば、それまでですが、考えてみれば、心温まる出来事というのは、そもそも「事件」ではなく、日常の片隅でそっと行なわれるので、たいていは、メディアの注目度も低いのですね。

その結果、人の気持ちを寒からしめる事件ばかりが目立つのでしょう。そして、そんな状況から結論を急げば、おのずから人間性悪説にはなります。しかし、人間の本性を信頼し、そこに大いなる希望を見い出そうとする立場からは当然、性善説でしょう。

「人間は本来、善なのか悪なのか――」というのは、大問題のように思われがちですが、ある種の理屈の言い合いですから、どちらかに軍配が挙るというものではありません。

もし決着がついたように思われるとしたら、それはおそらく、性善・性悪のどちらかが声が大きくて饒舌《じょうぜつ》だった、ということじゃないですか。

それはともかく、この点、仏教ではどう考えているのかというと、善と悪だけではなく、そこに「無記《むき》」という性質を考えるのです。無記とは、善でも悪でもないということ。いわば、ニュートラルの性質ですね。つまり、人間存在はそもそも無記なんだ、というのです。

その善でも悪でもない人間が、時に善いことをし、時に悪いことをする――。よく、ゼロベースといいますが、いってみれば、無記ベースの上に、善と悪とが花開くというわけなのですね。むろん、悪花が咲き乱れるのは困りますが。

しかし、たとえ善き行ないを多年にわたって継続していても、安心なぞできません。オフの時も、すべてをオフにせず、やはり、どこか一点で、絶えず自身を注意深く見守り、かつ、検証する姿勢が必要なのですね。

気遣い　自分なりの匙加減で

このごろ、なんでもマニュアルやレシピ、あるいは、「演出」です。
接客のマニュアルなんて、お客さまへの気遣いがあれば、無くてもいい――。なぞといえば、怒られそうですね。むろん、そういう気持ちがあっても、表に出ないといけませんが、気持ちというのは、あれば自ずと表出するものだ。と、私は思っています。

他方、その気持ちを感じ取ることがないとダメなのですね。人間やはり、持ちつ持たれつの世界です。が、近年、そういうところがおぼつかないので、逆に、マニュアルが前面に出てくるのかもしれません。

レシピに塩少々、と書いてあります。それがどのくらいなのか、わからないという話を聞きました。具体的じゃないというわけです。しかし、実際に塩を少々つまんで入れて、よければそのまま。足らなければ、もう少し入れてみればいいだけのことです。ここで試されているのは、他ならぬ自分の感覚です。

これだけ情報の豊富な世の中ですから、塩分控えめとはいえ、夏の盛りなら、気持ち多めに入れるのも、一つの工夫でしょう。この、気持ち多め・気持ち少なめの匙《さじ》加減が、微妙な感覚を養うのではないですか。

そうしていろいろ試すのも、あるいは、他人《ひと》の気持ちをあれこれ忖度《そんたく》するのも、根は同じでしょう。そうやって、なにごとによらず、加減のほどを自分なりにつかむ——。こんなことでも、世界は広がるのです。

しかし、それにしても、世の中一体に、「演出」が前面に出過ぎているような気がします。なにごとも、パフォーマンスじゃないといけないみたいな雰囲気です。が、気遣いも、こうするのだということになれば、とたんにギラギラしてきますねえ。

関西の気風を表わす言葉に、もっちゃりとか、はんなりというのがあります。それが持ち味であるかぎり好ましいのですが、ちょっとでも演出めくと、具合が悪いです。長年の友人が近ごろ、なにかといえば、「そこはかとなく」といいます。なにごとも、そのさりげなさに心打たれるのですね。

ロボット　作る人間を映す

年号が昭和から平成に改まった頃ですから、ずいぶん前の話になりますが、ロボット博士の森政弘先生から突然、電話をいただいたことがあります。

それまで一度もお会いしていませんでしたので、いささか戸惑いましたが、その頃に刊行した拙著『唯識十章』（のちに『唯識入門』と改題して増補）を読まれた感想を述べられたと記憶しています。そして、――いま、院生たちと『法華経』を読んでいて、いろいろ発想を得ている旨、快活にお話しになって、その電話は切れました。

その後、御著の『森政弘の佛教《ぶっきょう》入門』を送っていただきました。いま改めて手に取れば、まえがきに「……ロボットの設計は、そのお手本としての人間が十分にわかっていなければできるものではありません。人間をじかに知ろうとする場合よりも、はるかに精細に、また完全に客観的に、人間を眺めなくては、ロボットは作れないのです。この意味でロボット工学はまさに人間学そのものといえるのです」とあり、そして、「ロボットにも仏性《ぶっしょう》がある。私はこのことを信じて疑いません」とまでおっしゃっています。

仏性とは、仏陀《ぶっだ》というういわば完成された人格になる可能性を誰もが秘めている、ということです。つまりは、ロボットを作るのにも、そういう方向性を見定めていないとダメだ、という意味だと思います。

近年、ＡＩ（人工知能）を搭載したいろんな人型ロボットが登場しています。増加の一途をたどる外国人観光客向けの多言語サービスにも、つい先ごろ実用化されましたし、そのうち、各種介護の現場でも、当たり前のように立ち働くロボットが見られることでしょう。

他方、アメリカなど一部の国では、ロボット自身が自ら判断して敵を殺害する、キラーロボットの開発も進められています。戦闘員の人的被害の減少に貢献するのでしょうが、ロボットも（科学）技術であるかぎり、光と影の両面があるはずです。結局、作る人間のすべてが、作られるロボットに反映すると思えば、先の森先生の一文は重い、という他ありません。

「レガシー」強調　不健全では

原子力発電などの廃棄物——。その隔離期間は、一〇万年らしいですね。しかし、そういわれても、あまりにとてつもない長大な時間なので、どう理解してよいか迷います。

たまたま再読した科学者のエッセイに、現代人の起源は、一五万年前にアフリカに住んでいた小集団で、それが現代生物学の成果だとありました。そして、その小集団のホモ・サピエンスが一〇万年ほど前、アフリカを出て他のさまざまな地域に移動、そこの先行人類となんらかの状況を経て置換した……。

思えば、私たちは長い旅路の果てにこの日本列島にいるわけですが、そのエッセイの基調は、「たかだか一五万年ほど前」のはなしです。宇宙の生成や地球の誕生をベースに現代人の起源を考えれば、なるほどそういうことになるのか。——と、ついチマチマしがちな日常も一瞬、悠久の雰囲気に包まれます。

それはさて、近ごろ、主に東京オリンピック・パラリンピックがらみですが、レガシー（遺産）という言葉をしばしば耳にします。

こうしたスポーツ祭典も、けっして一過性の宴ではなく、――あとあとのこともちゃんと考えています。だから、建設コストが少々かさむのも止むを得ません。そこを理解してくださいね。というのでしょう。

しかし、造る前から、こうした施設のレガシー性を言い募るのは、どこか不健全なように思います。それは、巨額で建設される公共施設はそもそも、社会の財産としてその後長く利用されることをすでに前提にしているからです。

それを事々しく強調するのは、ある種の目くらましですが、そのレガシーの賞味期限そのものもまた、曖昧《あいまい》かつあまりにも短いです。たとえば、前の東京オリンピック、昭和三九年（一九六四）のメイン・スタジアムだった国立競技場も、実に手際よくアッという間に毀《こわ》されました。

あれぞ、戦後復興の記念モニュメントでレガシーでしょうに。しかし、それすら五〇年の賞味期限です。二〇二〇年用の各種施設も、その程度なら、――なにがレガシーか。と、あきれます。

「人惑わしの話」を慎む

私たちは、言葉によって自分の考えをまとめますが、その自分の考えや思いを、また言葉を使って他者に伝えます。そして同時に、他者《ひと》の言葉を聴いて、その人の考えや思いの何たるかを知ります。

そういう社会の中で日々暮らしていますので、言葉によって奮い立ったり・励まされたりしますが、反対に、言葉によって傷つき・落ち込んだりもします。言葉の行き違いで、気分を悪くすることも多々あります。

いずれにせよ、言葉には人を動かす力があるのですが、「選挙用の言葉」というのもあるんですね。いわゆる公約とは違います。明らかに出来もしない、または、それが仮に実行されたらトンデモナイ状況になる、そんなことを激烈な言葉でまくし立てる。あるいは、国民を分断するようなことを平気で並べ立てる――。

いうまでもなく、米国の次期大統領に決まったトランプさんの選挙中の言葉です。それに対する批判もそうとう多かったものの、一方で、その過激な言葉によって、多くの人々を動かしました。

しかし、選挙に勝利するやいなや、言葉はとても穏やかになり、今度は、国民に団結を呼びかけ、印象的だったメキシコとの国境に設けると主張した壁も、フェンスでいい……、と。フェンスなら、既にあるでしょうに。

――よう言うわ。という他ありませんが、こうした点、いくつもの戒語集（気をつけたい言葉遣い集）を著した良寛さんなら、どう指摘されるのか、ちょっと覗《のぞ》いてみました。

「人まどはしのはなし」（人惑わしの話）というのがそれですね。私たちも、有権者としては、いかなる「人まどはしのはなし」にも動ぜぬ心構えが求められますが、他方、ひとりの人間としては、そうした言葉遣いには大いに気をつけ、慎みたいです。

戒語集には、「ことばのおほき」というのもあります。饒舌《じょうぜつ》が過ぎると、どうしても前後くいちがってきて、そこに不実が巣くうからでしょう。言葉こそ慎み深く――。それが、人生の基本ですね、時代がどうあれ。

独りを慎む　できるかどうか

一口に、事多き世の中、といいますが、昨今、ほんとうに何が起こるか、見当もつきません。そんななか、ともかくも新しい年を迎えることができました。感謝の他ありません。皆さまも、新春をお迎えになり、おめでとうございます。この一年が真実、心穏やかな日々でありますよう、心からお祈りいたします。

しかし、それにしても、私たちが生活する世間というか社会は、少しもじっとしていませんね。しばし平穏な時空に、私たちは、——どうかこの穏やかな日々がこのまま続きますように。と、祈りにも似た気持ちになりますが、それも束《つか》の間。またぞろ悲惨な事故や残忍な事件が続発します。

そして、落ちつきのない社会は、時に思わぬ方向にも流れていきます。大概、それは不謹慎な方向ですが、それがまたたく間に奔流となり、喩《たと》えていえば「不易《ふえき》流行」の、その不易さえ、世の片隅に追いやってしまうほどです。

人間の本来というか、信ずるに足る人間性そのものは、それこそ不易、万古に変わらないものだと思いますが、昨今、それをすら疑わざるを得ないような状況です。

ソーシャル・ネット・サービスが構築され、誰もが手軽に発信元になる世の中となりました。それは良いとして、しかし、真偽あやふやな情報も、あまりに激烈な生の感情表現も、それこそアッという間に拡散します。後になって、――あれは間違いでした、言いすぎました。と、たとえ訂正されたとしても、そんな過ぎ去った情報に関心を示す人など、誰もいません。

しかし、そんなものは消えては結ぶ泡沫《うたかた》だから、――気にするな。と、それで済むものなのかどうか。そうした不確実のやりとりが、社会の澱《おり》となって、いずれは、社会そのものを不確実にしていくのではないですか。

そうした世の流れに、流されるのか、はたまた、抗《あらが》うのか。心ある古人《いにしえびと》は、「慎独（独りを慎む）」という言葉を大切にしました。私たちも、自己謹慎という心の力技を発揮できるかどうか、ですね。

「忙中閑」でいきたいけれど

月日の経つのが早いです。歳《とし》をとるごとに加速度がつくようで、今年も、もう三月後半――。桜の花も咲こうか、という時期になりました。この間、お正月を迎えたばかりですのに、ね。

今はあまり聞きませんが、奈良ではこの節、「一月いぬ、二月にげる、三月さる」とよく言いました。明治生まれの父親などはこれが口癖で、このころになると、よくそう言いつつ、しかも「もう四月や」と念を入れました。

そして、そんな口癖を聞けば、聞く方もまた、なんだかせわしなく感じたものです。父親はただ、――ぼんやりしてたらアカン。と、言いたかっただけなのかもしれませんが。

「一月いぬ」の「いぬ」は、新藤正雄氏の『大和方言集』に、「帰る」意味だと収録されています。――もういぬわ。といえば、ここから去る。つまり、もう帰りますね、ということになります。

しかし、それにしても、たしかに月日の経つのが、ホントに早いです。このままうかつに過せば、何もしないまま年末です。やらねばならないこと・やりたいことを積み残して、また新年を迎える……。というぶざまことにならないように、気を引き締める他ありません。

そんなとき、やはり「忙中閑《かん》（忙中、閑あり）」という言葉が心をよぎります。どんなに多忙でせわしない日常でも、ちょっとした時間はあるものです。世の中は広いですから、読みたい本の数ページさえ読めないいくらい多忙をきわめる人もいるでしょうが、そういうのはマア、仕事依存症でしょう。

私たちは「忙中閑」でいきたいですけれど、ただ忙中に閑がころがっているわけでもなさそうです。

唐の詩人・白楽天に、「閑を偸《ぬす》む気味は長閑に勝《まさ》れり」の句があります。忙中の閑は見い出していくものであり、また、忙中に閑を見い出した時のほうが、もともとヒマな時よりも、うんと充実している、ということでしょう。そして、おそらくこれに学んだ明《みん》の洪《こう》自誠《じせい》もやはり、自著の『菜根譚』で「忙裡《ぼうり》に閑を偸まん……」と述べています。

漢詩で学んだ「心の持ちよう」

年来の愛読書に『菜根譚《さいこんたん》』があります。中国・明《みん》末（一七世紀初期）の著作で、儒教・道教・仏教を兼学、そのエッセンスを三五七の短文（清言）にして編まれたものです。いつでも手の届くところに置いてあり、文字通り、座右の書です。若い時分から、なにかというと手に取って、収録された清言をながめてきました。そういえば、漢詩も好きですねえ。

多分、高校の漢文の先生の影響かと思います。ある日の授業で、陶淵明《とうえんめい》の漢詩「飲酒その五」を習いました。先生は、中国古典ではこんなことがいわれると、「小隠遁山中大隠遁市井」の白文をさらさらと板書されました。これは「小隠は山中に遁《のが》れ、大隠は市井に遁る」と読むのですが、その時、大隠陶淵明のことをいろいろ話してくださいました。

後でわかったのですが、山中や市井の語は、高校生にもわかるようにと先生がリライトされたものらしく、原文は違います。そんなところにも細やかな配慮が感じられ、思い返して気持ちが温かくなるのですが、それはともかく、肝心なのは「心の持ちよう」——。

そのことを教わったのだと思います。

あれも欲しい・これも欲しい、と気持ちを野放しにしていると、市井（世間）は誘惑が多くて、タイヘンです。そこで、山中にでも引っ込もうか、と考えるのが小隠。一方、大隠は、気持ちをきちんと制御しているから、世間のど真ん中に暮らしていても、誘惑なんのそのです。

しかし、大隠のように、気持ちを制御し・心を調整することは、なかなかできません。「気持ちさえあれば」と簡単にいいますが、私たちの気持ちは軽々とざわめき、思ってもみない方向へはみ出していきます。

それで、『菜根譚』です。ある清言に、「深山湧水《ゆうすい》の地を逍遥《しょうよう》すれば、俗塵《ぞくじん》にまみれて疲れた心も幾分《いくぶん》かは洗われるだろう」という意味の一文があり、その結語に「借境調心（境を借りて心を調える）」の四文字が添えられています。五月は頃もよし、山の美しい緑のシャワーを浴びるのもいいでしょう。――小隠も又《また》よし。と、しましょうか。

思いの丈 通りすがりの人に

お能が好きで、よく見ます。以前は、年に数十番も見たことがあります。しかし、近ごろは注目するシテ方三、四人のお舞台を見るだけなので、能会に行く機会もめっきり少なくなりました。

ご承知でしょうが、能舞台に最初に登場するのがワキ方で、役柄は概《おおむ》ね一所不住とか諸国一見の僧です。

つまり、今日ふらりとやってきて、明日はまた、風のごとくどこかに去っていく……。そんな名も無き旅僧だから話し易《やす》いのか、鬱屈《うっくつ》をかかえた何者か（前シテ、大概は死者の霊）が引き出されて、能という楽劇が始まります。

能も中盤を過ぎると、その何者かが正体を明かし、旅の僧に回向《えこう》を請うて、ふと姿を消します（中入り）。

後半の冒頭、旅の僧は「逆縁ながら弔うとかや」などといって読経します。すると、その回向の有難《ありがた》さに誘われて、死者が生前の姿で現われ（後シテ）、心の鬱屈を舞いかつ語って昇華し、やがて成仏します。

死人に口なし。と、下世話にいいます。よくいったもので、死者はまったく沈黙を余儀なくされた人で、それだけに心の屈託を聴いてもらいたいという思いは強いでしょう。

そんなとき、――そうかそうか。と、思いの丈をじっくり聴いてくれる人がいたら、――あのとき、オレやアタシはこうだったのだ。と、能の後シテならずとも、つい饒舌《じょうぜつ》になろうというものです。

問題は、聴き手です。ほんとうは、親しい人にこそ聴いてもらいたい。ですが、親しいがゆえに、ほんとうのことが言えない……。そんなもどかしさって、ありますね。

能の旅僧は、いってみれば、そのまたとない聴き手なんだ。と、能を見ていて、いつも思います。「逆縁ながら弔う」とは、通りすがりの縁に過ぎないのですけれど、ご回向いたしましょう、という意味です。

近親憎悪とまではいかなくても、親しいがゆえに素直じゃなくなる。そんな私たちにとって、通りすがりの人もまた、実にご縁のある人なんですね。

整理して徳を説く

――すべては、皆つながっている。というのが仏教の考え方で、また、事実そうです。そうした立場から、南方熊楠《みなかたくまぐす》は宇宙について、「無尽無究の大宇宙の大宇宙のまだ大宇宙を包蔵する大宇宙」といいました。宇宙は膨張しているといわれますが、この宇宙観なら、いくら膨張しても、びくともしませんね。

しかし、すべてはつながっているといっても、個々の事例を考えたり、その考えを説明したりするときは、そのつながりの中から問題の事例を取り出し、そして、便宜的に二つに分けたり、三つに分けないと、考えの整理がつきませんし、説明を受ける方も、便宜的にしろ、そうしてもらわないと、なにがなんだかわからなくなります。

人間の円熟を意味する「徳」とか、人生の在《あ》り方というような抽象的というか、心にかかわる問題なら、なおさらです。三五七の人生訓が編まれている『菜根譚《さいこんたん》』（一七世紀初期）では、一つ一つの短い文章を前後の二つに分けて説いたり、あるいは、三つの項目にして示したりして、理解し易いように工夫されています。たとえば、徳を養うにはどうしたらよいか、という問題には、①人の小過を責めない、②人の陰私《いんし》（隠しておきたいこと）を発《あば》かない、③人の旧悪を念《おも》わない、という三つの実践項目を示して、「以て徳を養うべし（徳を養いなさい）」と語りかけています。

日常生活で、これら三つのことを心がけなさい、というのですから、すごくわかりやすく、私たちにもできそうですし、また、「以て害に遠ざかるべし（そうすれば、人に恨まれることもありませんね）」と実利のあることもきちんと付けくわえています。

こうした項目が四つになると、ちょっとおさまりがよくない、というか、落ち着きがわるいのですが、會津八一《あいづやいち》（一八八一～一九五六）の「学規」は、さすがによく吟味されていて、過不足がなく、

一、ふかくこの生を愛すべし
一、かへりみて己を知るべし
一、学芸を以て性を養ふべし
一、日々新面目あるべし

と、前後が響き合っています。

自然からは逃れられない

今年（二〇一七）の夏は、というか、今年の夏も、猛烈な暑さでした。三五度という高温はもはや珍しくなく、それにつれて、雨の降り方も激しくなる一方です。なにかの拍子で気温が三〇度ぐらいに下ると、涼しく感じられて一息つく……。これって、やはり変というか異常ですね。

漱石先生の漢詩に、「微雨湿花来（微雨《びう》、花を湿《うるお》し来たる）」という一句があり（春日偶成《しゅんじつぐうせい》、其《その》七）、なにかほのぼのとしていて好きです。それで、揮毫《きごう》を求められた時など、しばしばこの一行を書きます。が、しとしとと静かに降る雨は、ほんとに少なくなりました。じめじめするのは嫌ですが、あのしとしとと降る雨は、どこへいったのかと思います。

桜が散って、しばらくすればもう夏で、そして、十月の半ばまで暑い――。つまり、半年以上が夏で、春と秋は足早に去っていきます。穏やかな四季の移ろいなんて、もはや過去のはなしなのかもしれません。

もっとも、私は夏大好き人間で、今年の夏も、お寺の執務室では空調なしで元気に過ごしました。

興福寺本坊の奥まったその部屋は、建具を開け放てば風がよく通りますし、旧式の扇風機と、アンセル・アダムスの「雪のヨセミテ」の写真プリントでけっこう凌《しの》げます。

その夏大好き人間ですら、今年の夏は正直、暑いでした。ただ、ヒグラシが鳴いて涼風が吹けば、――ああ、今年の夏も終ったんだ。と思いますから、世話はありません。

それはともかく、私たちは「自然の中の人間」ですから、この自然から逃避することはできません。コンクリートで分厚く固めた大都会は自然から遠い。と、よくいわれますが、自然というコトバを宇宙に置き換えれば、どこまでも宇宙の中です。激しい雨もさえぎれず、むしろ、地面に吸収されない分、道路の冠水や地下街への水の浸入という被害も頻繁です。

人間の都合なぞ一顧だにしない自然と、その中の人間という小さな存在――。それを見極めるところに、人間のよさの回復もあるのでは、と思います。

篤い思いで受け継ぐ文化財

「団塊の世代」というコトバがありますね。私自身、昭和二二年の生まれだから、まさにその世代です。事実、団子状態で、どこにでもウヨウヨいる世代です。しかし、そう呼ばれて、素直には受け入れがたい気持ちをずっと持ってきました。

たとえば、大学のゼミも学生が多くて、演習とは名ばかり。担当の教授が、――ほんとの演習は一〇人ぐらいがよい、以前はそうでした。なぞと言い放つにいたっては、いくら温厚な?筆者でも、――このオッサン、なにいうてんねん。と、心中ひそかに毒づいたものです。

とにかく同世代が多い。ですが、それが日本社会を大きく支えてきたのであり、それがついこの間まで当たり前の光景でした。その団塊世代がだんだん齢を重ねていく一方、出生率が低下して、それがいまや、社会の大きな問題になっています。

二〇五〇年頃には、日本の人口も一億を割るという予測で、しかも、その高齢化率は四〇パーセント近くにもなるだろうと試算されています。まさに超高齢社会です。

しかし、出生のコントロールは、たとえ育児環境を整えても基本的に困難で、このまま推移すれば、人手不足は避けられません。外国人労働者の受け入れか、ロボットやＡＩを多用せざるを得ないでしょう。将来、寺院の拝観受付にロボットがいるなんて光景が目に浮びます。

そういう未来はかなり悲観的に語られますが、そうでしょうか。近世の江戸時代など、人口は一億を割るどころか、一億なんて、はるか彼方《かなた》の数字でしたし、それに大体が不景気でした。それでも、たとえば文化財の多くが受け渡され・受け継がれてきました。

私たちが受け継いでいる文化財とは、いってみれば、日本の魂です。その文化財の伝世には、それを支える仕組みもお金も要りますが、最後の最後は、その文化財への篤い思い入れなんだと思います。近世日本は、その中継ぎを見事にやってくれました。この点、私たちも、ですね。

フランスの教育家・アランではないですが、「悲観主義は気分で、楽観主義は意志」です。

マンホールのふた販売に一案

先日、某紙の社会面に、「マンホールふた販売盛況」「一枚三〇〇〇円、申し込み殺到」「前橋市、思わぬ反響に驚き」という見出しの記事がありました。

同市によれば、販売は下水道事業への関心を高めることが目的とか。近ごろ、マンホールのデザインを見て歩くツアーもあって、それがけっこう人気があるようなので、販売に申し込みが殺到したのも、さもありなん、かと思います。

いままで誰からも見向きもされなかったものが、よくよく目を凝らせば、――捨てたもんじゃない。という場合が多々あるわけで、このマンホールのふたもその類いですね。

ふたのデザインは、下水道事業を担務する市町村の花や旗章など、意匠もよく重厚なものもあるので、捨てたもんじゃないのはわかります。それにしても、ものは鉄製で約四〇キロ――。重厚かどうかはともかく、重量に不足なしですが、購入した人は一体どうするのでしょう。

骨董《こっとう》品として珍蔵するのか、はたまた、転用して、なにかのふたとして再利用するのか。

公共物だっただけに、同市は「購入者には転売しないとの誓約書を提出してもらった」そうです。

しかし、マニアだと、その収集欲は尋常でなく、欲しいものなら金に糸目はつけぬといいますから、どうでしょうか。転売が度重なれば、思わぬ高値となるかもしれません。

誓約書は、この場合、当面の歯止めかと思いますが、同市のマンホールのふたの写真をみていて、購入に外れた人には残念賞として、その拓本を手渡すのも、下水道事業への関心を高めるという意味では一案かと思います。

拓本は、文字や文様を和紙に写しとる古来の技法です。たとえば、石碑の凹凸面に水で湿らせた和紙を密着させ、乾くまぎわに墨をつけたタンポでたたいて、文字や文様を浮び上らせます。摩滅して見えにくい文字でも、拓本で判読できる場合もあり、学術調査にも用いられる技法ですが、「全国マンホールのふた　拓本展」なぞという企画、いかがでしょう。存外、隠れたなにかが出てきそうです……。

「白い休日」に思う

昨秋（二〇一七）の予報では、この冬はたしか暖冬でした。が、いざ冬になると、何十年かぶりの寒波というではないですか。かつてのぼやき漫才・人生幸朗《じんせいこうろう》さんなら、――責任者、出てこい。というところでしょうか。

この冬、東京でも二〇数センチの積雪があり、首都高速はじめ大混乱でした。そのとき、奈良はほんの淡雪でしたが、風は異様に冷たく、震えあがりました。

この厳しい寒さですが、気象の専門家によれば、地球温暖化によるものだそうです。しかし、そういわれても、私たちの頭の中は「？」だらけ。もっとも、ていねいな説明に納得したとしても、それで寒さが和らぐわけでもなく、春を待つしかありません。

世は一見、人間至上というか人間中心で動いていますが、どのみち、人間が自然に太刀打ちできるわけでもありません。

むしろ、そういう自然など人間を超えたものを、私たちが正確に意識し、そして、そうしたものに首《こうべ》を垂れる――。それでこそ、かえって人間性の深まりが醸し出されるのではないですか。「自然と人間」、ましてや「人間と自然」ではなく、「自然の中の人間」というスタンスですね。

私は若い時分、富山出身の二人の篤実な老学者とご縁があり、いろいろ教わりました。そのお一人の先生曰く、——雪国では、雪に閉じ込められる日々は「白い休日」だ、と。

大雪になれば、外出もままならず、日常生活はたちまちストップ。家に閉じこもる他ありません。なるほど、白い休日です。かつての豪雪なら、一層そうだったろうと思います。

そんな日々は、せっかくの予定もすべてキャンセルせざるを得ず、なにもかもが活動停止です。しかし、なにかと忙しく暮れてゆくご時世ですから、そうした休日は、天の恵みかもしれません。

世は年中、活動的でないといけない風潮です。それは一概に、良いとも悪いともいえませんが、忙しく立ち働く生活で遠のくのは、まずは内省でしょう。自分をじっくり見つめ直すには、ゆったりと流れる時間が必要ですね。

ロボットにも「徳」があったなら

人工知能（ＡＩ）の分野が急展開――。このところ、まさに堰《せき》を切ったような状況らしいです。その開発の現場では日々、豊富な学習データの蓄積が図られているとか。ごく近い将来、そんなＡＩを搭載したロボットが、私たちの日常で幅を利かすのでしょう。

なにせそういうロボットは、一度学習したことは忘れないのですから、若い時分はともかく、日に日に記憶力が減退していく私たちは、敵うはずもありません。

だから、人間とロボットとの関係も、最初のうちは、私たちが使用する「ロボットくん」でしょうが、そのうち立場が逆転して？　人間がロボットに管理される……。そんな喜悲劇もあながち無いとはいえない状況になってきました。

たとえば、人間はしばしば同じ過ちを犯してしまいます。そのとき、そんなデータをしっかり記憶する管理ロボット氏から、「またやりましたね。どうして同じ過ちをこうして何度も繰り返すのですか」なぞと、なじられたり・呆れられたりするかもしれません。

そうした場合の対応マニュアルも叱責ばかりでなく、柔軟なものまで、それこそ豊富に蓄積されたＡＩだと、しばしば同じ間違いを犯す私たちも、あるいは救われるかも。そういう観点からすれば、ＡＩとかロボット開発分野も、人間学そのものだと思います。

座右の『菜根譚《さいこんたん》』には、人間の完成度を意味する「徳」ということが説かれています。たとえば、「人の小過を責めず、人の陰私《いんし》を発《あば》かず、人の旧悪を念《おも》わず。二者、以《もっ》て徳を養うべく、……」とあります。

「人の旧悪を念わず」とは、他人の旧《ふる》い悪事や過ちをねちねちと憶《おぼ》えていないことで、それが「徳を養う」ことにつながっているという指摘です。

ロボットにそうした徳性を求めるのは、ないものねだり。――と、いわれるかもしれませんが、徳はともかく、ロボットも私たちの日常に不可欠なものになるのなら、理詰めばかりでなく、人間ぽいどこか粗忽《そこつ》な一面もあれば、いいですね。

情報の時代と心の時代

時どき講演会でお世話になっている人に弓道の先生がいて、そのためなのかどうか、オイゲン・ヘリゲル述『日本の弓術』（岩波文庫）に手が伸びた。昔風にいえば★一つの小著だが、内容は濃い――。

著者は大正一三年（一九二四）、東北帝国大学講師として招聘されたドイツの哲学者。五年間の滞在の日々、その道の達人といわれた阿波研造師範の指導を受けて弓をひいたという。本書は、帰国後におこなわれた講演の原文の翻訳である。

論理を重んじ合理的な思考によって育まれてきた著者が師範に、――「あなたは無心になろうと努めている。つまりあなたは故意に無心なのである。それではこれ以上進むことはできない」、と注意され、また、――「いや、その狙うということがいけない。的のことも、中《あ》てることも、その他どんなことも考えてはならない。弓を引いて、矢が離れるまで待っていなさい。他のことはすべて成るがままにしておくのです」、といわれて一時は途方に暮れながらも、しだいにその道を深めていったことが簡潔に述べられている。

いま、私たちの社会をいちおう席巻しているのはその合理主義や論理性だから、私たちが日本文化の底を流れる非合理や直観というものを再確認する場合、本書に立ち寄れば、あるいは、その糸口を見い出すことができるかもしれない。が、そのことはまた別の機会にゆずり、ここでは「情報の時代」と「心の時代」ということを考えてみたい。

阿波師範がヘリゲル先生の質問に、あるとき、――「……それよりも精神を集中して、自分をまず外から内へ向け、その内をも次第に視野から失うことをお習いなさい」と述べ、深い集中に到達する仕方を教えたという。

それは、――弓を射る前の一時間はできるだけ静かにしていて心を凝らし、正しい呼吸によって心中を平らかにし、外部のあらゆる影響から次第に身を鎖（とざ）して行く……、というものだった（傍点、引用者）。

私たちの社会は隅々にまでパソコンが普及しているが、いまやそのパソコンも携帯化が進み、歩きながらも新しい情報を取ることができる世の中だ。そうした情報群は、寄せては返す浦の波なぞという悠長なものではなく、押し寄せる一方である。それをともかくも受け止めなければ乗り遅れるぞ、という強迫観念に大きく侵食されて、心はズタズタ――。なにものかに常に追い回される感覚で、気持ちはすこしも潤わない。

そこで、いまや誰もが「心の時代」だという。その謂いは正しいという他ない。そして、そう思うのなら、「外部のあらゆる影響から次第に身を鎖して行く」方策が模索・実行されなければならない。が、社会の動向は、とにもかくにも「情報優先」だ。（自分にとって都合のよい）情報を手に入れようと目の色を変えて躍起になり、しかも、心がしっとりと潤うなどという一石二鳥は、ない。ないものは、探しても見つからない。それより、情報という喧騒ときっぱり決別する時間をどう担保するか。その気概をもたずして、なにが「心の時代」か——。

乾隆帝の三希堂

過日、東京国立博物館で「北京故宮博物院200選」を観覧した。といっても、筆者の目当ては人気を博したという「清明上河図巻」ではなく、北宋の書家・黄庭堅《こうていけん》（一〇四五～一一〇五）の「草書諸上座帖巻」——。ゆっくりしげしげと見入り、大いに堪能した。

書は、若い時分からなぜか唐の顔真卿《がんしんけい》とこの黄庭堅（山谷道人）が好きで、へなへなした字しか書けない自分にとって、羨ましくも憧れるものだ。正直言って書道史に一片の知識もないが、いつだったか二玄社・書跡名品叢刊の解説（中田勇次郎氏）「黄山谷が書のうえでもっとも尊敬したのは顔眞卿である。云々」を読み、——それみろ、とばかりに今も時々、この二人の書を唯ただうっとりと眺め、至福の時を得ている。

しかし、それにしても、展観に供された「草書諸上座帖巻」には文字通り圧倒された。そうとうの長尺で、あとで図録の解説を参照すると、縦三三・〇×横七二九・五センチメートルとある。前後七メートルを超えて書下ろされたこの草書はふつう「狂草《きょうそう》」といわれているが、もとより誤解してはいけない。狂とはおそらく、本質をつかんだ自由奔放の意であろう。だからむしろ、端正とこそいうべきではあるまいか、と今回気がついた。

ところで、明《みん》・清《しん》二〇余人の皇帝が起居した紫禁城、それがいま故宮博物院として一般に公開されているのだが、とにかく広い。南北一〇〇〇×東西七〇〇メートルの城内は、「皇帝が政務を執り行なった南側の外朝と、皇帝が居住した北側の内延に二分される」(図録解説)。もっとも、その内延もまた公的な意味合いが色濃く、皇帝は内延西の養心殿(正殿・東暖閣・西暖閣)にいることが多かったらしい。

そして、清朝第六代の乾隆帝《けんりゅう》(一七一一〜一七九九)なぞは、正殿や西暖閣での政務に厭きると、隣接する「三希堂」と名づけられた書斎にこもったという。この三希堂、なんと八平方メートルの小部屋だ。

三希とは、書聖・王羲之《おうぎし》の「快雪時晴帖」とその七男・王献之の「中秋帖」、そして、王羲之の甥・王珣の「伯遠帖」を室内に架蔵したからだが、それはともかく、広大な紫禁城からすればなんとも狭小の空間だ。しかし、乾隆帝がそんな小部屋で垂涎の書を眺め、思索し、物思いにふけったというのは、なんだかよくわかる話ではないか。

起きて半畳寝て一畳というけれど、それに三畳ほどの空間があれば、人間一人の居場所としてはもう十分。というか、むしろそうした狭小空間だからこそ、私たちは心安らぎ、落ち着けるのではあるまいか。紫禁城という広大な空間も、宇宙規模からいえば芥子粒《けしつぶ》ほどもない。その自然の中の微細なるもの、やっぱり人間って小さいのだ。と、乾隆帝が思ったのかどうか。

むかし、——壁ぎわに寝返りうって……、と誰だったかが歌っていた。なにか寂しげな歌だったが、人間そんなものだろう。たとい広々とした空間を与えられても、誰もそのど真ん中では寝ない。皆きまって壁ぎわに、しかも丸まって眠るのだ。でも、その微細なるものという本質の自覚こそ大事だ。

心の時代でなく、心を鍛える時代

いま、なにかといえば情報の時代といわれ、また、心の時代といわれている。

これについては、前掲の「情報の時代と心の時代」でも取り上げ、「……（自分にとって都合のよい）情報を手に入れようと目の色を変えて躍起になり、しかも、心がしっとりと潤うなどという一石二鳥は、ない。ないものは、探しても見つからない。それより、情報という喧騒ときっぱり決別する時間をどう担保するか。その気概をもたずして、なにが『心の時代』か――」と述べた。しかし、まだ気がおさまらないので、くどいのを承知で再説したい。

それにしても皆、自分の都合に合う情報を求めて必死である。それに端末の携帯化が拍車をかけて、もはや歩いていても情報の接取に余念がない。その上さらに、自らも発信するのだから、忙しいったらない――。

これに費やされるエネルギーを算出すれば、おそらく相当なものになるにちがいない。それだけのエネルギーを、なにか一つことに一心不乱に注いだら、どんなテーマでもちょっとした成果が得られると思うけれど、そういうことはせず、情報の浅瀬をあてもなくさまよっているわけだ。

それはともかく、そうした状況では心は、それはくたびれるであろう。そんなこともあって、「心の時代」というのかもしれない。が、本当に心の潤いを求め、心豊かでありたいのであれば、情報というものを果敢に遮断するしかない。しかし、――イヤ、そんなことをすれば、たちまちバスに乗り遅れてしまうではないか、というのでは「心の時代」は永遠にこない。じっさい、情報の時代はともかく、心のほうは掛け声倒れである。

なにかといえば心、心というのが昨今の流儀だが、「安心安全」と同じで、言ったからといって、豊かな心がうまく手に入るわけでもない。言霊《ことだま》とはいうけれど、もういい加減に、そんな都合のよい言霊はないと知るべきだ。

「心の時代」とか「心豊かに」などというコトバは響きがやわらかいから、つい甘美な気分になるが、心の豊かさを求めるというのは、じっさいは一種の闘争である。そこでまず、そうしたコトバがかもし出す甘い気分など捨ててかかるのが、豊かな心を求める事始めであろう。

それというのも、いうところの豊かな心の世界とは、好都合ばかりではないからだ。その時々の好都合だけに関心を持つのではなく、不都合なものをも大きく受け止める――。実に、そこにこそ、豊かな心の世界が展開するのではないか。

好都合はウエルカム、不都合は排除。というのは、なるほど気分は上々かもしれない。しかし、世の中、好都合なものが身のまわりにごろごろあるわけでもないから、そうした日常は、自ら世界を狭くしていくだろう。そんな狭小の世界がどうして心豊かなものか。

一見不都合なもの、あるいは、異質なものをも毛嫌いせず、よくよく目を凝らせば、いままでとはまた異ったイメージが得られるのではないか。その作業を言い換えれば、わが心を鍛えるということなのだが、まさにそのことが潤いある日常、豊かな日常そのものにつながっているのだ。

「科学的」――この紋所が目に入らぬか

テレビドラマ「水戸黄門」の放送が終った。私はこの番組がけっこう好きで、最終回もみた。その平均視聴率は約一四パーセントというから、まだまだいけるのではないか、と思ったものだ。少なくとも、お笑いタレントたちの異様にハイテンションのアハハ・ガハハ番組よりは、うんと良い。

最終回の最後に流れたテロップは、たしか「四二年間ありがとうございました　水戸黄門」だった。つまり、昭和四四年から平成二三年の長寿番組で、ちなみに、筆者の年齢でいえば二二歳〜六四歳――。そうしてみると、いっそう感慨深い。もとより、全然みなかった時期もあるけれど、日本文化の〈型〉というものの良さをほどよく感じさせる番組でもあったと思う。

一話一話の設定はいろいろだが、最後にモノをいったのは、葵の御紋入りの印籠だ。格さん（だったか）が「この紋所が目に入らぬか」と決め台詞――、物語は一挙に収束に向った。「ここにおわす御方をどなたと心得る。恐れ多くも先の副将軍、水戸光圀公にあらせられるぞ。一同、頭が高い。控えおろう」。

ひるがえって、「この紋所が目に入らぬか」という決め台詞の現代版は、おそらく「科学的」の一語であろう。――これは科学的な根拠に基づく数値であり論考だ。といわれたら、私たちは「お説ごもっとも」という他ない。が、本当にそれでいいのかどうか。今回の話はそれだ。

科学や科学技術の進展で、私たちの日常生活がより便利・より快適になっていることはまちがいない。卑近な例だが、「水戸黄門」が放送され始めた前後、もちろんケータイ電話はなく、皆、家や会社を出れば公衆電話に頼る他なかった。それも一〇円玉の投入口しかなく、長距離だと一〇円玉をたくさん用意しなければならなかった。それが、一〇〇円玉も使えるようになり、やがて便利なテレカになったが、それもこれも、今は昔の物語である。私たちの社会は、生活の利便性の追求に余念がなく、今後もいっそうその腕をみがくものと思われる。

しかし、そうした便利で快適な生活が続けば、とかく手間のかかるもの、そして、不快なものは敬遠される。それはほとんど自然の成り行きといえるが、人間性の問題としては、そうした成り行きにまかせていいものかどうか――。そもそも真善美にかかわることなど、手間ヒマをかけずして、どうして大きく展開するのだろうか。そして、不快なものは気に入らぬ、と、そのつど削ぎ落としていけば、気分は上々かもしれないが、世界との関係性も、いよいよ狭くなる一方ではないだろうか。

科学とその技術の恩恵を被るとも、しっかりとおさえておくべきは、科学とは要するに、欲望充足の具だということだ。聞くところによれば、科学には「ここら辺で、もうよい」という、ある種の納得というのがない。そう納得してしまえば、その時点でたちまち停滞・後退してしまうというところに、すでに欲望充足の具としての科学のスガタがみえる。そして、――もっと光を、と光を求めて得たものが、その光をものみこむ影であることが多いと知るべきであろう。だから、「科学的」という一語で、――ハハァ、恐れ入りました。と、恐れ入ってはならない。

アンチエイジングだけでいいのか

このところ、なにかといえばアンチエイジングである。ネット検索すると、なんと三五、二〇〇、〇〇〇件がヒットするから驚く。そのアンチエイジング——、日本語に訳せば「抗老化」「抗加齢」だが、説明して曰く、「時計の針を止めること」ではなく、「針を少し戻して、その進みを遅らせること」だとある。

いずれにせよ、そうした努力（?）を、まっとうなものとみるか・無駄な抵抗と切って捨てるか、判断の分かれるところではあるだろう。が、人間総じて老いたくも死にたくもないから、先の数字もさして驚くには当らないかもしれない。かの在原業平《ありわらのなりひら》に「つゐに行く道とはかねて聞きしかど昨日今日とは思はざりしを」の歌があるのはともかく、諸行無常の道理を信解すべき学侶ですら、「死ぬる人は皆我より若けれど更に行くべき道と思わず」（『多聞院日記』）などと本音を漏らしているのだから、世話はない。そして、それもこれも皆、アンチエイジングだといってしまえば、話はそれまでであろう。

しかし、老化を遅らせ・死を遅らせるのはいいとして、問題は残る——。というか、それだけなら、ただ問題を先送りしているだけにすぎない。そうではなく、アンチエイジングと「よく生きること」とどのようにリンクさせていくのか。そういうことこそ大問題なのだと思うけれど、「それはそれ、これはこれ」と、世の中どうもバラバラである。

老いたくもなく死にたくもない思いはともかく、そう願っても日々老いていくし、刻一刻と死は近づいてくる。——ここで、一息入れて思い巡らせば、アンチエイジングを標榜する世の動向は相変わらず、老いは若さを否定するもの・死は生を否定するものという固定観念に止まったままなのだ。

このように老いは若さを否定し、死は生を否定するものと一方的に断ずるのではなく、老は成熟、死は生を充実させるものという観点に立てば、どうなるのだろうか。そうした立ち位置から見渡せば、否定的な老も死も、またちがった表情で私たちの前に立ち現われるのではないかと思うのだ。

仏教の創唱者・釈尊はかつて、人々から「あまねく見る人よ」と呼びかけられたという（『スッタニパータ』）。「管見」という謙遜の言葉があるが、私たちはどのみち、細い管から見ているわけだ。そして、愛と憎しみ・美しいものと醜いもの・生と死、総じて好都合と不都合という対立する二つの項目を立て、そのどちらか一方を強く希望し、他方を排斥するのだ。
私たちには「あまねく見る」なんて、あまりにもほど遠い見方であるが、対立する二つの項目の他方は見ることはできるだろう。生と死でいえば、死を単に生を否定するものではないとみれば、どういうことになるか。斎藤史《ふみ》さん（一九〇九〜二〇〇二）は、端的に、つぎのように詠っておられる。

死の側より照明《てら》せばことにかがやきてひたくれなゐの生ならずやも

生を否定するはずの死の側から、改めて生きるということに光をあててみる。そうしたらなんということだろうか、その生は「殊に輝いてみえ、まさにひたくれないの生」だというのだ。ひたくれないは真紅、真っ赤な血の色だ。ここに示される生はじつに濃厚である。老化を遅らせ・死を遅らせるのはいいとして、こうした視点に意を用いないと、人生薄味になるばかりではないか。

『菜根譚』を読み直す

年が明けてから、また『菜根譚《さいこんたん》』を読み直している。

「新しい本が出たら、旧《ふる》いのを読め」と誰だったかが言ったが、べつにそれに従ったわけではない。だいたい、日ごろ仏教の経典を読んでいるから、それこそ旧いったらない――。この『菜根譚』、一七世紀初期の書物だから、仏教の経論からすれば、おそろしく新しいわけだ。しかし、それはともかく、この三五七の清言から成る書は、人間洞察・人生の知恵に満ちている。それを気の向くままに、ポツリポツリと読んでいる。

ところで、世間はどうか――。新しくて良さそうにみえたのがあまりにダメだったので、旧いのにやらせろ、とばかりに政権が替って動き出した。が、社会そのものはどうなんだろうか。まだそんなことをやっているのか、というようなことが、やはり目につく。たとえば、二〇一三年一月二八日付の日経新聞（夕刊）「窓」欄によれば、長崎県佐世保市のハウステンボスで二七日、ギネス記録を目指して、全国のゆるキャラが一斉に「ひげダンス」を踊ったという。参加したのは一四一のゆるキャラで、三回目にして五分間同じ動きで踊り続けて、ついに記録認定されたらしい。

――まずはめでたい、といいたいところだが、ゆるキャラが社会の反映であれば、かくも今だに持てはやされている状況は、手放しで喜ぶわけにはいかない。当然、そのイベントに参加していないゆるキャラもあるだろうから、その数に改めて驚くが、そんなことより、私たちの社会はもう少し、キリッとしまらないといけないのではあるまいか。

ただ、『菜根譚』の人間観察によれば、人間はだいたい、しまりなくボンヤリするか・アクセクして流されるか、そのどちらからしい。それが人間の本質だ、とまでは決めつけていないが、人間とはそういうものなんだ、と見定めた上で、同書の著者（洪自誠《こうじせい》）は、ヒマな時には〈喫緊《きっきん》の心構え〉が必要であり、そして、身辺多忙な時には〈悠々閑々の気持ち〉を持つべきだと述べている。

むろん、そんなことがサラリとできたら世話はないわけで、その趣旨はおそらく、そういう心構えを意識的に持つように、日ごろなにかと工夫してみなさい、ということなんだろうと思う。たとえば、手帳のカレンダーの余白に、

閑時には喫緊の心思あるを要し、忙処には悠閑の趣味あるを要す。〔菜根譚・前集 八〕

と書き入れておくとか、これを呪文のように唱えるとか、工夫の方策はいろいろあろう。

そして、いろいろ工夫する内に、いずれは身につくという寸法だ。

ところで、大切な初心というのも、私たちにあっては体験や経験と同じように健忘症の対象であろう。この点、『菜根譚』はどう考えているのだろうか。実は、洪自誠自身「還初道人」の号をもつ人で、「まさにその初心を原《たず》ぬべし」〔前集三〇〕と述べて、注意を喚起している。それはつまり、それだけ人は初心を忘れるものだ、ということであろう。そして、絶えず初心に還り、ものごとに初々しい人だけが、その人生を意義深く生きるのにちがいない。

経済が好転すれば、心が潤うのか

世間では、経済が暗い気分から脱しつつあるという。そのある種の高揚感からか、春さき、東京・新橋でのメディアのインタヴューに、――心が潤ってきますよね。と、笑顔で応じた女性のコメントが聞き捨てならない。

かつてバブル経済がはじけた時、関西経済界の親しい知人が、――バブルがはじけて良かった。このままいったら、日本人はダメになる。と述べたのが耳底に残っている。おそらく、それは個人的な意見だったと思うが、拝金主義の世の中、まともな経済人もいるんだな、と、ちょっと感心した。もっとも、その人もまた、小さいというか、ほどよいバブルは歓迎なのであった。

その後、経済が低迷する中、「これからは心だ」「心の時代だ」といわれてもきた。こうした心を求める動きは、実は昭和四〇年代からある。だから年季が入っているのだけれど、〈物はもうよい、これからは心だ〉と、物と心とを分別《ぶんべつ》したのが、そもそもの間違いだった。つまり、そんな心など、実はどこにもない。そうではなく、物を大切にしてこそ、いうところの心が大きく育まれていくのではないか。

当たり前の話だが、少なければ、物は自ずから大切に扱われるし、物が有り余れば、その扱いはどうしてもゾンザイになる。物を粗末に扱い、なんでも金員に換算していけば、心も粗末になるのは道理だ。かつて若い起業家の某が、――人の心もお金で買えますよ。と語ったが、粗末な心は、あるいは、買えるのかもしれない。このあたりのことを、私たちは一体、どう考えていたのだろうか。

果たして、「物はもうよい、心だ」といいながら、新製品が出れば、一も二もなく飛びつき、旧《ふる》いものを惜しげもなく捨ててきたではないか。それで「心の時代だ」とは、心なるものは、――片腹痛い。というに違いない。もとより、そんなことで、心が潤うはずもなく、現に、心が潤い・心が豊かになったという話はついぞ聞かない。

これも春さき、大相撲が春場所のころだった。偶然みたテレビの報道番組で、個人投資家対象のセミナーが両国の国技館で開催されたニュースが放映されていた。春場所は大阪だから、国技館はそうした催事にも貸し出されるのだな、と見ているうちに、壇場の主催者らしき人が、「いつやるの?」「今でしょ」と流行のキャッチで煽り、最後は参加者全員で、拳を三度突き上げて締めた。

その映像が、脳裏にチラついて離れない。二〇年イヤ四〇年いい続けてきた「これからは心だ」「心の時代だ」という掛け声は、一体なんだったのだろうか。経済が良くなるのはよい。が、好転しかけた途端、これだ。錬金や拝金が国技にならないことを祈る他ない。

バブルのころ、含み益という言葉を聞かぬ日はなかった。その時点で決済するのであればともかく、計算上そうなるだけの、いってみれば幻の金員を追いかけて、――オレたちには金がある、なんでも買える。と、傲岸不遜《ごうがんふそん》だった。

その意味では、経済が好転する今こそ、改めて慎ましやかな心を求めていきたいではないか。ちなみに、アメリカ・インディアンのポピ族の言葉に「慎ましく食べ、慎んで喋る。そして、誰も傷つけない」というのがある。豊かで潤いのある心とは、端的に、このことであろう。

雑感集

――線路は続くよ、どこまでも。という歌の文句が突然、浮んできた。鉄道はけっこう好きだが、その話ではなく、ラインとかいうコミュニケーション・ツールのことを、知人とお喋りしていた時のことだ。

思い返せば、ホームページに始まり、ブログ・フェイスブック・ツィッター……と目まぐるしいかぎりだが、利便・簡便をひたすら求めて、それこそどこまでも様変わりしていくのが、世の中というものだ。そんな世の中になんの拍子か、こんにちただいま生きているので、別に毛嫌いはしない。ただ、自分としては電子メールで十分だし、下手だけれど毛筆で手紙を書くのも嫌いじゃないので、フェイスブックもツィッターもやらない。――もう完全な旧式人間ですね。という声が聞えてくる。

他者《ひと》とつながるのはいいことだ、と素直に思う。が、簡単・便利だからといって、むやみにつながって、果たしていいのかどうか。つながっている相手を軽くなじったつもりが、大いなる不快を買い、人間関係に溝ができたという話をよく聞く。私も身近な事例で、傍《はた》目《め》にも和気あいあいだった二人のつきあいがそれで途絶えたのを知っている。傍目八目《おかめはちもく》というが、そばで見ていて、実にくだらぬ仲たがいである。しかし、それ以降、当人同士が顔を合わさないらしいから、心の垣根はいよいよ高くなっているにちがいない。人さまとのつながりもいいが、個の確立がちゃんとできていないといけないのだ。

簡単・便利なツールが出れば、すぐさま飛びつき、もうそれしか使わないというのもどうか。——それもあるけど、これもある。と、用途にあわせて道具を取り替えるくらいの幅を持ちたいが、そういう道具も、新しいのが出れば、旧いのは惜しげもなく捨てられていく。あるいは、そのうちにまた、もっと簡単・便利なのが出てくるだろうから、これもちょんの間の道具——。と、もし心のどこかで思っているようなら、いま便利に使っている道具にも、愛着なぞ募るまい。いずれにせよ、つながりたい一方で、言葉を不用意に使って、それが人間関係の破綻につながるなんて、一体全体なにをしていることか、である。なにはともあれ、コミュニケーションの道具が簡単・便利になると、それだけ言葉も軽くなることだけは知っておきたい。

しかし、それにしても、情報社会・情報の時代といわれているのに、こうしたコミュニケーション・ツールの影響で、やりとりがだんだん短文化しているのは一体、どうしたことなのだろう。――こういうの便利ですよ。とか、――こんなおもしろいのがありますよ。というようなお知らせ情報は短文でよい。が、すこしでも人間の複雑な心の動きにかかわるものは、短文では、なにかと齟齬《そご》をきたすのではないか。好悪の感情は、人間だから仕方ないが、どう好くて・どう悪いのか――。そういう微妙なニュアンスも、短文だと盛り込めまい。結果、短文は情報の画一化を招くわけで、それでは、皆が求めているという心豊かな世界なぞ得られるはずもなく、イヤ、いよいよ遠のくばかりではないか。

知らずに使ってはいけない

人間は、言葉という道具を持って、その知・情・意の世界を飛躍的に広げ、かつ深めた。言葉には、しかし、プラスの面ばかりでなくマイナスの作用もある。というか、不用意な言葉が人の心を萎えさせ、悲しませることも多い。人は言葉によって、晴ればれと元気づけられもし、不安のどん底につき落とされもするのだ。それに、言葉は、さもその言葉に対応するものが実在するかのように思わせもするから、実ははなはだ厄介なものだ。使う道具の、そういう特性をよく知っておきたい――。というか、そういうことこそが、教育のどのレベルにおいても繰り返し指摘されるべきではなかろうか。

アメリカ・テネシー州ノックスヴィルに、死体の腐敗について研究する世界で唯一の施設があるという。その施設は通称「死体農場（ボディ・ファーム）」といわれ、そこを訪れ、同名の長編を書いた人気ミステリー作家のパトリシア・コーンウェルはいみじくも、――もはや言葉に傷つく者はここにはいない。と書いた（相原真理子／訳）

近年、私たちは携帯電話という新しい道具を持った。世の中にはまだ辛うじて公衆電話というものが残存するが、昭和四〇（一九六五）年代初めのそれは、十円玉だけが使えた。だから、市内はともかく、長距離だと十円玉をたくさん用意しなければならなかった。そのうち百円玉も使用可となり、やがて便利なテレホンカードに進化したが、それも今は昔の物語――。いまや、携帯電話も大半がスマートフォンである。

それはもう電話というよりパソコンの携帯端末で、誰もがいつでも、社会への発信源になり得る。私たちはすでに社会的存在だから、それはいい。が、それにしても、発信力だとかなんとかいって煽られ・焚きつけられ、ホームページにはじまり、ブログだ、フェイスブックだ、ツイッターだと、発信道具も目まぐるしい。その開発のコンセプト・変遷の軸は簡便・安直だから、そこで用いられる言葉とその内容も、おのずから浮薄気味だ。一歩イヤ半歩踏みはずせば、そこはもうわるふざけの世界そのものである。

げんに、今年（二〇一三年）の夏、その象徴的な出来事が連続した。まだ記憶に新しい、コンビニエンスストアのアイスクリームの冷凍庫に寝そべった姿やファミリーレストランのサラダバーに入りこみ顔を出した画像などのあれだ。そしてついに、伏見稲荷大社の境内で撮影された男性の全裸画像というのも、ツイッターに投稿された。

良いことはマネされず・つまらないことばかりが連鎖しておきるのは、世の常――。いまさら驚くに値しないが、それにしても、である。むろん、道具そのものが悪いわけではなく、それを用いる人間の問題だ。

お金もまた一つの道具だが、それについて、森鷗外は、

――金が汚らわしい、というのは間違っている。ものを知らない人間が持つ事がいけないのだ。金があるなら持っているがいい。いつでも未練なく捨て得る心を持っていればいいのだ。〔森茉莉『父の帽子』人間の「よさ」を持った父〕

と述べたという。なにごとにつけ、この「ものを知る・知らない」ということは重要であろう。

成否を顧みることなく

近ごろ境内でも、スマホのナビ画面を見ながら足早に歩く人をよく見かける。中には、自分がその画面の指示通りに目的に近づいているのに満足してか、まわりの景色をチラリ一瞥、――ふむふむ。と、うなずきながら歩いている人もいる。

まちがいなく、あるいは、回り道などロスもなく、最短で目的地周辺に行き着けるのだから、それはいい気分だろう。でも、なんだかさびしい。日常ならともかく、旅という非日常の時空なのだから、イヤ、非日常だからこそ、あるいは、日常でも時には、たとえ遠回りしてもいいではないか。などと物申しているようでは、――時代に遅れますよ。という声が聞こえてくる。目はかすみつつあるが、耳はいいらしい。

筆者の友人は、電車の中でもどこでも、ひたすらスマホとにらめっこしている人の群れに日々遭遇し、ついに「すまほびと」と造語。その傍若無人、その車窓に流れる季節の移りゆきを一顧だにしない異常な状況を嘆いている。

なにせスマホはパソコンの携帯端末だから、もう何だってできるのだ。電話・メールはもとより時々刻々の情報だって取れるし、ちょっと気になる？　も、手早く検索すれば、たちまちけっこうな数の情報がヒットする。むろん、好きな音楽も聴けるしゲームもできる。これ一台があれば、恋人もいらない――。か、どうかは知る由もないが、もはや肌身離せぬ必需品なのだ。

しかし、日常でも非日常でも、そんなのでいいのか。という気がする。そんなのでは、人生に厚みも奥行きも出まい（などと物申しても、わかるかしら）。当たり前の話だけれど、アスリートが競い合っている時、あるいは、練習に精を出している時、イメージ・トレーニングしている時、スマホなぞ見ていない。画家がスケッチしたり制作に没頭している時、スマホなぞ見ない。哲学者が思索を深めている時、スマホなぞ見ない。そして、私たちも独り静かに自己を顧みる時、スマホなぞ見ず、ただひたすら内なるものを見つめようとするだろう。そして、こんな世の中だからこそ、そうした時間を持ちたいではないか。

もとより、簡便にいろんな情報に接することができる利点は否定しない。が、それがそのまま、広い世界につながるとはいえない。それはまた別の話だ。というか、簡便に得たものはそれだけに軽いもので、私たちはほとんど自動的に、その好都合と不都合とを分別《ぶんべつ》し、今やれるものだけを採る。――人は見たいものだけを見る。とは、かのカエサルがすでに指摘した真実だ。

私たちは誰しも失敗したくはなく、とかく成否が気になる。そして、成否がからめば、どうしてもほどほどの組し易いものを選んでしまうから、世界なぞ広がるはずもなく、また、新しい世界が拓けるはずもないのだ。

興福寺の解脱《げだつ》上人貞慶《じょうけい》(一一五五〜一二一三)に、「成否を顧みることなく、深く別願を起す」という一文がある。——他ならぬ自分が、仏の世界に至り得るのかどうか。その成否がどうしても気になるのだけれど、そんな成否なぞあえて顧みず、むしろ、ただひたすらに深く仏の世界を志すのだ。という意味だが、私たちも、その世界を広げようとすれば、こうした心意気こそが求められるのではないか。

距離と時間の身体感覚

――大坂から江戸まで約百四十里。
――（熱海から）海沿いの山道を小田原へ出て、そこから江戸までは二十里二十丁。三日の行程といってよい。
――小田原に泊った翌日、東海道を江戸へ向う。ここから江戸まで、わずか二十里二十丁ほどだ。

とは、江戸時代の距離と時間の感覚で、池波正太郎さんの『仕掛人・藤枝梅安』シリーズに出てくる。江戸をめざして東海道を下ったかつての旅人は、小田原まで来ると、「あともう少し」という気分になったらしい。

この点、大阪～東京間の東海道新幹線に乗っても、「この列車は先ほど時刻通りに小田原駅を通過しました。あと10分少々で新横浜に着きます」というアナウンスがあるから、さすが東海道。小田原という土地《ところ》に対する思いは、案外変っていないのかもしれない。

むろん、そうはいっても、徒歩三日というのと新幹線の一〇分少々というのでは、あまりにもちがいすぎる。二十里二十丁・行程三日という距離と時間に身体感覚のリアリティーを認めるならば、ただ乗っているだけで長距離移動する一〇分一五分という距離と時間の感覚はやはりバーチャルっぽい。そういうちょっととらえどころのないものの上に、私たちの日常が企てられ、そして、営まれている。

世間は、そういう時間短縮の追求に余念がなく、また、心地よい空間を求めて止まない。そして、その精度が上れば（当面）愉快だけれど、慣れるほどに当たり前になり、心はいささかも感動しなくなる。利便・快適の欲望は充足することをしらない。

そんな利便と快適に泥《なず》めば、汗もかかず疲れもしないから、身体は楽である。が、なにかイキイキせず、生々しくもない――。そういう身体感覚の無さが、（飛躍しすぎるといわれるかもしれないけれど）、生きている実感を喪失する原因の一つ、あるいは、大事な〈いのち〉が軽くあつかわれる大本《おおもと》だ。

平安時代後期の今様《いまよう》歌謡に、――熊野へ参るには、紀路《きぢ》と伊勢路のどれ近し、どれ遠し、広大慈悲の道なれば、紀路も伊勢路も遠からず。というのがある（『梁塵《りょうじん》秘抄《ひしょう》』）。今と比べて、万事ゆったりしていたはずの平安時代ですら、どっちのルートが近いのか、というのだ。――信不信・浄不浄を問わぬ熊野権現に参るのだから、遠近を問うなかれ。ときには廻り道もいいじゃないか。というのが歌意だけれど、人は今も昔も、目的地周辺に楽して、しかも早く着きたいのだ。

今も昔もだから、次世代もそうにちがいない。リニア新幹線なぞ要らないという意見に対しては、――それでは、（科学）技術力が落ちてしまう。といわれる。こういう論法はある種の主客転倒であるが、なにか真っ当に聞える。前掲の一文にも述べたが、「科学的」というのが、現代の「この紋所が目に入らぬか」という決めゼリフなのだ。

科学（技術）は、要するに欲望充足の道具で、欲望が支配するこの世の花形。行け行けドンドンで一直線に進展する。だから、リニア新幹線で東京～大阪一時間が達成しても、そこで満足したら技術はダメになるから、次は五〇分だ四五分だということになるわけだ。そして、従来の技術が物理的限界に直面したら、こんどは音や光を加工して、それに乗るのか――。まさかとは思うが、音や光のように移動して、人は何を得るのだろうか。

ここらへんで、身体感覚のリアリティーを改めてしっかり担保しておかないと、かんじんの生きる実感がいよいよ希薄になるだろう。

寄り道・廻り道・迷い道

ナビゲーション・システムが発達して、なにかといえば、ナビである。最近はサイクリング用もあるようで、それを取り上げた記事（二〇一四年七月一四日付・読売新聞夕刊、お役立ち型録《かたろぐ》）の見出しはなんと、〈見知らぬ地も迷わせない〉（傍点、引用者）だった。「この機能を使えば、通りがかった場所の近くにある行楽スポットや飲食店などが、画面に表示される」から、迷うどころか、――実に便利。と、今後、この種の機械は大いに頼りにされるにちがいない。そして、その先には、大方はナビの表示に頼る、そういう人生そのものの在り方がくっきりと見える。それが、世迷言《よまいごと》筆者の大いなる幻想であることを祈りたい。

しかし、それはともかく、その類いの機械にあまりに頼りきっていると、せっかく具わっている身体の感覚能力も出番がなくて、錆びつくのではあるまいか。なにごとも、程ということを心得たい。

つまらない私事で恐れ入るが、電車通学していた小学生のころ、たしか土曜日だったと思うが、お昼に学校が終って、ふと歩いて帰ることにした。途中で、たまたま家の前におられた校長先生に見つかって、おやつをご馳走になり、また歩き出した。あっちへフラフラ・こっちへフラフラした揚げ句、家に帰り着いたのは灯刻で、心配した父に大目玉をくらった。が、反省するどころか内心、寄り道・廻り道の楽しさを反芻《はんすう》した。そして、そのときはあまり迷わなかったけれど、後年よく迷ったそういう迷い道もまた人生の妙味、捨てがたく味わい深いと思うようになった。

別にそこで、いわゆる出会いなぞなくても、それはそれでいいのだ。というか、〈寄り道・廻り道―出会いを求めて―〉と力んでみても、絵に描いたような出会いなんて、そうザラにあるわけでもない。そんな劇的な出会いという利が期待薄なら、――寄り道も廻り道も、ましてや迷い道なぞ御免被りたい。と、反転して無駄がないという利に走ってしまえば、元も子もない。ここで端的にいえば、寄り道・廻り道・迷い道というのは、無駄のない一直線で疲弊した心を調整するまさに回路なのだ。

それなのに、それに元来見知らぬ地そのものが人生なのに、迷いもしない人生なんて、一体何なのか――。それに、人間はそもそも愚かで迷うものだ。迷いに迷って、迷いながらも、ちょっとだけ真っ当な方向へ進む。しかし、そのまた向こうには、深々とした迷いの森があるのだ。そして、その深い迷いの森を完全離脱するナビゲーション・システムこそ、実に仏教であろう。ただし、それは明瞭な画面や音声で、――右に行け・左に行け。とは、指示してくれない。指示を出すのは、あくまでも自分自身だ。そして、そこにこそ、人生を歩む尊さがあるのではないだろうか。

たとえば、唯識仏教では、人間の心のはたらきは善悪総じて五一あるという。その心作用リストを携えて、とくと自分の日常をかえりみるのだ。日常のあの場面・この場面をかえりみて、そのとき、自分の心はどうであったか――。そこに、自己を調整していくカギがひそんでいるのだ。

山房世迷言綴

気象不順と自然災害に翻弄された平成二六年も、暮れようとしている。来年こそは穏やかな年月《としつき》であれ、と心から祈りたい。

さて、世間では昨今、景気の回復に躍起だが、なにか危い。というか、欠点だらけの人間が運営しているのだから、人の世は常に危いが、それはさて、ふつうの感覚では、不況を脱したとは言いがたかろう。

といっても、そのふつうの感覚自体がそもそも怪しいわけだ。少し前、EUのどこかの外相が来日。案内された先々で「不況だ不況だ」と言い募られた。それで離日にさいして、「こんな不況なら、わが国も一度不況になってみたい」とコメントしたというから、ふつうとは何ぞや、である。それに、いくら景気が回復し表面上の色艶《いろつや》がよくなっても、それと心の豊かさとは、必ずしも連動しない。

金回りがよくなって、心が潤う。というのは、あってもひと時のことで、いずれお金を追いかけた分だけ、お金に追いかけられるのだ。金の亡者は心の亡者でもある。――貧しくば心に富まう。と、いみじくも喝破したのは、詩人の堀口大學だった(「自らに」)。

聞くところによれば、出版業界もまだ不況だという。が、世は文字通り新刊本の洪水で、都市部の書店をのぞいてみても、べつに閑古鳥が鳴いているわけでもない。本が売れないのに新刊が続々と出てくるのは、部外者にはいささか解しがたいが、手際よく新刊を出して、その初版でなんとか回しているという状況かと推察する。

しかし、それはともかく、出版ラッシュに比例して、著者からの贈呈で頂戴する新刊本も年々増えている。——お前は大体が不勉強だから、こんな本も読め。と、送っていただくのだろう。まずは感謝の一語で、手紙や葉書でお礼を申し上げ、できるかぎり目を通すように心がけてはいる。

ただ近ごろ、「礼状などは放念されたい」旨の手紙が同封されていたりして、いささか気になる。忙しい世の中だから、あるいは、礼にも値せぬ拙著という謙遜で、相手方に気を使ったつもりかと想像する。が、礼状を出すかどうかは、元来、こちらの領分の話ではないか。またぞろ世迷言《よまいごと》で恐れ入るが、筆者の両親は明治の人で、こういう礼儀にはうるさかった。お品を頂戴したり親切にしていただいて、欠礼・無礼はないのだ。

だから、礼状など無用に願いたい旨を告げられると、心が躓《つまず》いて、つい素直《すなお》でなくなる。

マアなんというか、これもまた「小さな親切、大きなお世話」の類いであろう。

この点、筆者はやらないが、近ごろのソーシャルネットワークは、どうなのだろうか。もとより他との関係性は大事だが、「生ぜしもひとりなり。死するも独《ひとり》なり。されば人と共に住《じゅう》するも独なり」（一遍）が人間の基本ではないか。だから縁といっても、つくべき縁もあれば離るべき縁もあるわけで、無闇につながりたいとは思わない。

せっせと瞬時のやりとりに身を任せて、「つながっている」気分に浸るのもいいけれど、他者《ひと》の「既読」が気になれば、思いもせぬ強制性がヌッと顔を出すだろう。しかし、そんな危い世の中だからこそ、「つばらつばらにもの思《も》へば」（しみじみとした物思い）などという時間を大事にしたいではないか。

薄れた感慨、確乎とした自覚

二〇一五年一月一七日は、阪神淡路大震災から二〇年の日だった。私たちは当日の朝、月例の南円堂寺役法要（唯識講）の中で、同震災の被災物故者六四三四名の方々を至心回向し、その後、筆者は神戸を往還した。

といっても、なにか特定の震災関連催事に参加するというのではなく、ただあちこち歩いた後、神戸の町を一望する高台に立ち、黙禱して帰ってきた。

二〇年前――。阪神電鉄の青木駅から三ノ宮まで歩いて、ことごとく倒壊し瓦礫と化した神戸に入ったその記憶がまざまざと甦ってきた。震災直後から神戸の町を覆ったブルーシートが徐々に少なくなって、ついに無くなったのは一〇年ぐらい経った頃だったろうか。今やすっかり復興したといわれるが、それはむろん、外形というか表面の話であろう。突然、その人生に終止符を打たれた人には「復興」はなく、また、人生計画をすっかり狂わされた人も、さまざまな問題を抱えて別の道を歩まざるを得ないのだ。改めて、ご冥福と、そして、今後とも前だけ向いて歩いていかれることを心から祈りたい。

神戸から帰って、当時の日記をみた。その年の一月二一日は（震災後初めての）雨で、「一時激しく降ル雷鳴あり」とある。そして、「二五万人程度避難所生活」、「完全復旧まで相当年月要ル見込」、「自然の手のヒラの小ナル存在」などのメモから当時をふり返った。

その雨は、ことにテントなどでの避難生活者には文字通り冷たい非情な雨だったろうが、自然は人間の都合なぞ、いささかも斟酌《しんしゃく》しないのだ。しかし、私たちはそういう自然の中に暮らす微細な存在なんだという自覚、あるいは、そういう自然という人間を超えたものを意識することを忘れてはいけないと思うのだ。が、二〇年経った今、復興の裏側にひそむさまざまな問題への関心はともかく、人は自然の中の微細な存在にすぎぬという感慨は、かなり希薄になっているように感じる。

そうした感慨、あるいは、自覚がなくなれば、どうなるか――。端的にいえば、自然の中のささやかな存在にすぎない人間が、自然を対象化しコントロールしようと躍起になるだけだ。その最たるものが、火星の地球化（テラフォーミング）であろう。二〇三五年から一〇〇年かけて、かの惑星を温暖化し、コケ類や高山植物・ミツバチなどを移植して、人間が生存可能なもう一つの地球を造ろうというのだ。地球環境を破壊しつつある人間が、もう一つの地球を創造するというのは、明らかに悪い冗談であるが、じっさい、そういうミッションが始動している。

他方、ＳＴＡＰ細胞はともかく、その種の細胞研究が進めば、悪化したり老朽化した肉体の部位は次々に取り替えれば、――ノー・プロブレム。不老長寿の一丁あがり、だ。そして、その揚げ句は、何のためかはともかく、傲慢にも人間の誕生に直に手を染めるのかもしれない。

人間の知力は光を生むけれども、そのままだと、ほとんど歯止めが利かず必ずオーバーランする。そのとき、光は影と化し、影が光を呑みこむのだ。人間を傲慢の底なし沼から救う唯一の道は、《自然の中の微細なる存在》という確乎とした自覚だけであろう。

自然の中の人間

今年（二〇一五年）の花時は、あいにく雨ばかりだった。が、ようやく天候が安定した五月某日の早朝、急に思い立って春日山遊歩道を歩き、新緑のシャワーを浴びながら若草山頂に出た。幸い、その日の視界は良好で、飛鳥の大和三山を苦もなく眺望におさめることができた。

春日の山中は、沢のかすかな水音と鳥たちの涼しげな声――。それ以外は余分な音、といわんばかりに静寂だった。そんな中を行くのだから、おのずから身も心も、なにものかに潤い満たされていくのが実感された。

こうした自然が身近にあるのは幸せという他なく、ゆえに保護しなければいけない。――と、考えるのは、いわば健全な人情ではあろう。しかし、そうした保護ということもまた、人間のコントロールの範疇であるということを十分弁《わきま》えておきたい。

人間至上の考え方が何の疑いもなく受け入れられて久しく、自然の一員にすぎない人間が、その自然を対象化し、都合よくコントロールしようと躍起である。が、それは妄想でしかなく、自然のごく一部はともかく、奥深い自然そのものを本質的にコントロール下におくことなぞできない。

卑近な例で恐れ入るが、「地震・雷・火事・おやじ」というのは怖いものの順番だが、別の観点からみれば、コントロールの可・不可を順次挙げたものといえる。

つまり、地震と雷とは制御不可だ。世に「地震予知」とはいうが、そういわなければその筋の予算がつかないとか。じっさい、地震はほぼ寸前までわからない。私たちはそれを、阪神淡路大震災や東日本大震災で身にしみて知ったはずだ。先ごろのネパール大地震も突発している。

地震による被害を減らそうとする減災は、人間努力の範囲だが、地震そのものを未然に防止することは不可能で、大地の突然の揺れが治まるのを、私たちは待つしかない。雷もまた「青天白日、怒雷走る」などといって、いわゆる青天の霹靂《へきれき》はどうすることもできない。遠くでゴロゴロ鳴り、おもむろに近づいてくる悠長な雷はともかく、私たちはこうした天地の急運行をいささかも制御ないし対処できない。

次の、火事も確かに怖い——。当山の歴史は一面で焼失と再建の繰り返しで、その原因も、類焼・兵火・落雷・失火と概ね網羅している。当山では、一八世紀初頭の享保大火を最後の火事として、防火に微力を注いでいるが、もとより火は出さないにかぎる。いわゆる「予防消防」で、そういう意味では、火を人間の制御下に置くことはできるし、また、そうしなくてはいけない。最後のおやじは言わずもがな。すでに奥方のコントロール下にあり、概ね平穏だ。

私たちがその中に住む自然は、人間の都合など些かも斟酌《しんしゃく》せず、ただただ自らの摂理にしたがっているだけである。そういう自然の中の人間は、あまりにも微小・脆弱な存在だ。そして、そう思えばこそ、「共に生きる」ということにも考えがおよぶのではないか。それがそうではなく、人間至上・人間中心とうぬぼれ・おごり、その揚げ句が自己を恃《たの》み他をあなどれば、結果、争いの世界でしかない。――自然の一員、あるいは、自然の中の人間という自覚がすべてである。

後世に何を残し、何を残さないか

〈東京オリンピック２０２０〉のための新国立競技場の建設が、迷走を重ねた揚げ句、白紙に戻ったという。デザイン・コンペで選ばれたザハ・ハディド案のよしあしや、当初見積りの一三〇〇億円がそもそも妥当なものなのかどうか、筆者は知らない。

建設費がアッという間に倍近くの二五二〇億円に跳ね上がったのも驚きだが、それはともかく、日本で開催するオリンピックなのだから、どこかに（イヤ、随処に、である）日本らしさが感じられるデザインであってほしいし、また、日本の細やかな感覚が反映した使い勝手のよい仕様の建築であってこそ、「お・も・て・な・し」のホスピタリティに適うのではないかと思う。が、どうも世の動向は違うらしい。

白紙にもどった途端、ザハ案を、――あんな「生がき」のようなデザイン……。とは、よう言うわ、であるが、この一連のドタバタでもっとも日本的だったのは、もののみごとに責任の所在のあいまいさだった。日本らしさを発揮するところがちがうじゃないか、である。〈東京オリンピック２０２０〉のトップらしき人が、（このような迷走を招いた）犯人探しはしないほうがよいという。なるほど、日本らしい穏やかな収束である。何もかも水に流して、清々しく一から出直すのだから、まずはメデタイ……。

新しい国立競技場の建設は、迷走に迷走を重ねてドタバタだが、一方、旧《ふる》いほうは実に手際よくアッという間に毀《こぼ》たれた。

前の東京オリンピックは昭和三九年（一九六四）で、敗戦でボロボロになった日本が、僅か二〇年を経ずして世界のスポーツ祭典を成し遂げたのだ。つまり、戦後復興を世界に示し得た、というか、日本人にとってそれを自覚し得た出来事だった。旧い国立競技場は、その記念モニュメントだから、手直ししてでも残すべきだった。いってみれば、戦後の昭和を象徴する重要な遺産だ。ちなみに、筆者は高校三年生だった。

が、昨今、スクラップアンドビルドならぬビルドアンドスクラップの刹那文化で、建てては壊し・壊しては建ててきたので、戦後の昭和の建物なぞ、——用済み。と、ばかりに雲散霧消しつつある。そして、それにつづく平成の建物も同様の運命にあるから、私たちのこの時代は後世に、歴史的建造物を何も残さないわけだ。その上、記録に便利なデジタル・アーカイブも本質的に堅牢とはいえないから、場合によっては、戦後の昭和とそれにつづく平成の時代は、みるべきものが何もない、きわめて寂しい時代ということになるのかもしれない。

一方、原子力発電などの廃棄物は、このままだと、どんどん増えていく。聞けば、それらは一〇万年という長大な時間単位で隔離しなければならないという。こうした廃棄物は、「用済み」だからといって、雲散霧消というわけにはいかない。大深度の闇という人里離れたところに隔離しつつ保存するわけだ。しかし、一〇万年の間、その隔離保存が確実に履行されるなんて、誰も請け合えまい。

そういう請け合えない奇妙なものだけを、後世に受け渡してよいはずもないが、後世に何を残し、何を残さないか。そこにこそ、時代の良識を示さなければならない。

いろいろあるから、健全だ

なんでもパソコン――、という時代になった。世情にうとい筆者でさえ、キーボードで原稿を書き・電子メールでやりとりし・ときにネット検索するのだ。が、大事な依頼や、お世話になって深い感謝の意を表わすには、下手ながらも、やはり毛筆でしたためた封書をお届けするようにしている。

そうした手紙の封だが、いつだったか「〆」と書くところを、みるからに「×」になったので書き直したら、思わず「○」にしてしまった。でも、――バツよりマルのほうがいいか、と、それ以来マル封だ。しかし、これがけっこう伝播して、当方があちこちからマル封のお手紙を頂戴する次第となり、その傾向は増加しつつある。

そういうマル封ではなく、大きく「○」なぞと揮毫《きごう》すれば、禅では円相ということになるが、その心が澱《よど》んでいたら、円相も円相でなくなる。――どころか、そんなのは、そこらへんの饅頭に過ぎん。と、博多の仙厓《せんがい》さんは、そうした円相を「これくふて茶のめ」と一喝し、別に「○△□」なぞと大書した。

万事、一瞬の停滞をも嫌い・いかなる形骸化をも忌避して、自在で闊達な境地を求めようとする意気が伝わってくるが、ここでは、――○もあれば△もあり、□だってある。と、いたってすなおに受け止めておきたい。

それというのも、世間では先だって、「一億総活躍」なぞというイメージも概念も定かでないことがらを担当する国務大臣が誕生した。少子化対策担当・男女共同参画担当・女性活躍担当・再チャレンジ担当・拉致問題担当・国土強靭化担当に加えての一億総活躍担当というから、仏像でいえば三目八臂《さんもくはっぴ》の大活躍が期待されるが、それはともかく、これらの担当の字面をみても、そうとうの重複感があり、総じて曖昧模糊としている。

加えて、未だに一億総活躍（社会）についての明確な説明がないので、世の人々もさまざまに勘ぐるわけだ。さしずめ、二〇一五年一一月二日付「朝日歌壇」の入選歌、

活躍を怠るならばそのときはマイナンバーもて呼び出さるるや（東京都　上田国博）

なども、その類であろう。

一口に一億というが、大きく分ければ老若男女であり、そのなかには、自分がいかなる存在であるか、未だ定かでない乳幼児もいれば、認知症の高齢者もいる。そうした人々の「活躍」とはどういうイメージなのか。また、今まで十二分に働いてきて、このほどよう

やく社会の前面から退き、これから余生を存分に楽しもうとする人もいるだろう。その人たちの「活躍」とはなにか。

「活躍」を仮に「○」としても、人それぞれで、それこそ△もあれば□もあるだろう。そして、人間社会では残念ながら×もある。そんな人たちにこそ、再チャレンジの機会が望まれるが、それにしても、一億総活躍という一色に染め上げられた社会は、どうみても不気味である。やはり、○もあれば△もあり、□だってある。そして、残念ながら×もある。しかし、そういうのがむしろ、社会としては健全なのではないか。わが『菜根譚《さいこんたん》』に、

錯集成文（錯《まじ》り集まり、文《あや》を成《な》す）

という示唆的な一文がある（後集五五）。

世の中、マアこんなもんだ

むろん良いところもあるけれど、概ね欠点だらけの者たちが「ああだこうだ」と言い募って運営するのが、人間の社会だ。あるいは、放っておけばいいものを、寄って集《たか》ってい じり倒すのも人間社会である。だから、世の中を見渡して、――マアこんなもんだろう。とでも思わないと、なかなか心穏やかには過せない。「昔は良かった」というのは、完全な思い違いである。

時代の流れは、人の群れが利便性やある種の美意識、もしくは、恐怖心などによって雪崩をうって突き進むから、なかなかそれに抗うことができない。

ここで明確に、――オレやワタシはちがう。と拒否すれば、時代を超越するか単なる時代遅れのどちらかとなり、一方、そういう流れにとっぷりと浸れば、当面はいいだろうが、奔流（濁流？）に流され、気がつけばとんでもないところに追いやられていて、いまさら元の立ち位置には戻れない。あるいは、その時点で立ち止るのは、容易なことではない。

いずれにせよ、そうして時代が移り変わってゆく。

――もうここら辺りで、世の流れから離脱するか。いっそ、大いなる時代遅れになり、この世がどうなってゆくのか、いのちのあるかぎり見届けてやる。というのは、なかなか勇気の要ることだろうが、ちょっと愉快な老後かもしれない。

今年（二〇一六）一月一七日は、阪神淡路大震災二一年だった。その当時、携帯電話は通話のみだったが、その後、電子メールが加わりオサイフケイタイになり、今やＰＣそのものだ。あらゆる機能が備わっているといってよい。ＳＮＳもいろいろ構築された。よかれ、と思って考案されたのだろうけれど、「ラインは五分以内で返信」なんて、誰が何のためにそう決めたのかしらないが、気忙《きぜわ》しいったらない。地球が誕生して四六億年、生命が誕生して四〇億年、最初の哺乳類の誕生が二億年前、そして、人類が出現して二〇〇万年だ。それらに一瞬でも思いを馳せば、五分にこだわるなぞ、一笑に付す話ですらない。

昨年六月に行なわれたある調査によれば、「女子高生のスマホの利用時間は平均５・５時間、６・８％は『15時間以上』と一日の大半を費やす」（朝日新聞・二〇一六年一月六日）という。この数字はもう完全に異常で、コミュニケーションを楽しむ道具にすぎないものに身も心も乗っ取られている。いわばオモチャで疲弊する現代人、といったところか。

世の中は時として、罪なものを作るのだ。便利で簡単、しかもカッコ好い――。そんなものには、誰もが飛びつき、手を出す。世はその繰り返しで今日に至っている。ラインも仏教でいえば「縁」ということになるが、若い頃、維摩経《ゆいまぎょう》研究の故・橋本芳契先生に、「つくべき縁もあれば、離るべき縁もある」と教えられた。くっつくばかりが縁ではない、という教えを聴いて、なにかホッとしたことを思い出す昨今だ。

筆者の立場は唯識仏教だが、一遍さんも好きで、語録を時々読み直すが、――生《しょう》ぜしもひとりなり。死するも独《ひとり》なり。されば人と共に住《じゅう》するも独なり。というのに、いつも目が止まる。その独りを、大自然、大宇宙が包み込んでいると思えば、たとえ落ち込んでいても、明日また生きていこうという気になる。

なら燈花会――深い闇こそ主役

毎年夏八月、奈良公園一帯で開催される《なら燈花会》が人気だ。第一七回の昨年（二〇一五）は、来訪者総数約九一万人で、一日当たり最も多い日は、一七万三千人だったという。奈良の新しい年中行事として、すっかり定着した感がある。

主催は「特定非営利活動法人なら燈花会の会」だが、要するに、奈良市内でさまざまな仕事に従事する比較的若い人たちの、積極的な立ち働きによって成り立っており、それがまた、この行事のうれしいところでもある。筆者は初回から、そうした奈良の若い町衆の、熱い思いや実施内容を親しくお聞きもし、また、時には感想なども申し上げてきたが、このさい、その要点をまとめておきたいと思う。

燈花会の主役は、なにはともあれ、ロウソクの明かりだ。昨年は、一日約二万本のロウソクが灯され、古都奈良の夜を幻想的に演出した。――ということになっているが、それはいわば表向きのハナシで、この行事のほんとうの主役は、端的にいって、深い闇ではないか。というのが、筆者の当初から一貫した思いだ。

いわゆる奈良公園と呼ばれる広大なエリアには、興福寺・東大寺・春日大社にかかわる分厚い歴史の蓄積があり、わが国でも希有な地域といってよいが、夜ともなれば、闇もまた深い――。そして、チロチロと揺れるロウソクの明かりは、その闇をいっそう深くしている。

世は一体に、光と音のページェントである。その流れは意外に古く、たとえば、永井荷風は、『日和下駄　一名東京散策記』（大正四年）で、

当世人《とうせいじん》の趣味は大抵《たいてい》日比谷公園の老樹に電気燈を点じて奇麗奇麗と呼ぶ類《たぐい》のもので、清夜《せいや》に月光を賞し、春風《しゅんぷう》に梅花を愛するが如く、風土固有の自然美を敬愛する風雅の習慣今は全く地を払ってしまった。……

と嘆いているが、今や木々の電飾は当たり前で、どんな地方都市でも（そのしょぼいのを）見かける。

光と音の仕掛けでは、奈良は大都市と互角に太刀打ちできるわけもなく、また、そんなつまらぬことをすることもない。他にない分厚い歴史と深い闇、あるいは、静けさ――。そういうものこそ、奈良のごちそうだ。と、改めて刮目《かつもく》すべきではないかと思う。

小さな明かりだからこそ気づくのは、闇の深さというものだ。そして、それは自ずから、

喧騒に疲れた人のこころを調整し、人を静かな世界へと誘ってやまない。だから、一晩で一〇万前後の大勢が押し寄せても、意外に騒々しくないのだ。

そうであれば、人が大勢来るからといって、ど派手・ドンチャン騒ぎの催事にしてはいけない。ロウソク以外の光源は、使うとしてもあくまでも補助的なものと心得るべきだし、ロウソクの数の勝負でもない。にぎわいをみせるのと、騒々しいのとを明確に区別しないと、奈良にふさわしい良質の催事は成り立たないということを知れば、この新しい行事も、いっそう静かに盛り上がることだろう。

ことわざは生活の知恵

古来言い慣らされた言葉が、不意に通じない事態に直面することがある。いつだったか話題になった「情は人の為ならず」のことわざが、その好例だ。

情は人の為にならないから、かけない。という珍解釈が若い人の間でまかり通っているというのだから、いにしえびとはたまげる他なく、昭和二二年生まれの団塊世代の筆者もまた、――もう若くはないのだナ、と思い知らされる。

ところが、である。念のため、『岩波ことわざ辞典』（平成一二年初版）を引くと、

> 情をかけるのは「人の為」ではない、自分の為であるということだが、この「為ならず」を「為にならず」と解して、へたに人に情をかけて助けるのはその人の為にならず、自立を妨げることだ、とする語義解釈が昭和三〇年代に現れて久しく、いまやいろいろな言語調査では、数の上では完全にこちらが主流となっている。……

と、述べられているではないか（傍点、引用者）。

再びたまげる他ないが、昭和四〇年代前半の大学生の頃を思い出しても、少なくとも筆

者のまわりでは、この珍解釈は聞いた記憶がなく、ましてや主流でもなかった。

　言葉は生きものだから、発音も表現の仕方も、そして、意味も皆なにほどか変化することは承知している。しかし、字面だけの珍解釈が横行すれば、本来、生活の知恵としてのことわざ・格言のたぐいは、そうとう危いのではあるまいか。

　ここに例として取り上げたことわざは、いうまでもなく、他人《ひと》に情をかけておくと、それがいつか自分のためになる、という意味だ。そこに、「情をかける際に多少とも応報を期待するものがあれば、それは打算につながる。このことわざには、こうした打算が入り込む余地がなきにしもあらず」（同辞典）ではある。が、人の世は、助けられたり助けたりであり、打算の有無はともかく、他を思いやる気持ちこそ不可欠。――というのが、このことわざの本当の意味だろう。そうであれば、珍解釈は主流とはいえ、やはり、本筋からずれているという他ない。

　夏の一日、こうして久しぶりに『ことわざ辞典』を手にしたが、ついでにページを繰っていて、「なれて後《のち》は薄塩《うすじお》」という今まで聞いたこともないことわざに出くわし、興味をそそられた。

　その意味は、「人との付き合いは、親しくなって馴れた後は一線を置いた方がよいというたとえ」だという。このことわざは、漬物の漬かり具合に、人との付き合い方の妙をみたもので、「……珍しいことわざと言えるだろう。江戸前期の代表的ことわざ集『世話尽《づくし》』に収載されているが、その後には忘れられてしまったもののようだ」と解説される。

しかし、電子メールが世に行なわれるようになって以降、近年さまざまなソーシャル・ネット・サービスが構築され、簡便かつ迅速に意見の表明ないし交換が可能になっている。「ラインは五分以内に返信」とか。早いのは好いとして、それでは、相手の心を忖度《そんたく》できかね、結果的に、ずかずかと土足で踏みこむことにもなるのではないか。親しくなるほどに一線を置き、一呼吸を置いた人間関係——。「なれて後は薄塩」、なるほど、ことわざは生活の知恵だ。

名利のはなし

秋は、授賞式のシーズンだ。受賞者にとっては、長年の努力や苦労が報われたわけで、まさに「実りの秋」。まずは、めでたい。

自分の業績が認められて、うれしくない人はいない。が、素直に悦ぶ人もいれば、ともかく受けて、――ハイ、終わり。という人もいる。一方、――なにを今更。と受賞を辞退する人もいる。人さまざまという他ない。

今年（二〇一六年）のノーベル文学賞に選ばれた米国シンガーソングライターのボブ・ディラン氏は、受けるのか受けないのか、なかなか態度を明確にしなかった。同賞が世界に冠たる表彰と自負する関係者は、ディラン氏のこうした態度に怒り心頭？――無礼で傲慢。とさえ述べたが、二週間以上経って、ようやく受賞の意思が示された。単に気持ちの整理に時間がかかったのか、あるいは、ある種の計算がはたらいたのか、それはまあ、どうでもいい。

筆者は昭和二二年生まれの、いわゆる団塊世代だ。この世代は概ねフォークが好きで、フォークが一世を風靡もしたが、私自身は、あまり魅せられなかった。むろん若い時分、ボブ・ディランもイルカも聴いたが、今でも「神田川」なぞが聞こえてくると、ゾッとする。まあ、ボブ・ディランと「神田川」とを一緒にすることもないが……。

こうした筆者の好みはともかく、ディラン氏の受賞への長い沈黙に因み、世間的評価というものを改めて考えてみたい。

一体に、人は際限なき欲望に翻弄されるが、なかでも、名利ほど厄介なものはないといわれる。名利とは名聞《みょうもん》利《り》養《よう》、よい評価に浴しつつ実利に潤うことだ。よく「名を捨てて実を取る」というが、それも建て前で、名も実も、取れるものなら取りたいというのが本音だ。

世間に生活すれば、自分の業績がそこそこ評価され、かつ、ほどほどの金員に恵まれたい。——というのは、誰しもが懐くささやかな願いだが、幸い、それが手に入ったからといって、それで何もかも、片が付くわけではない。それどころか、それを機に、世間的評価と実利への期待がいっそう膨らむという。仏教の人間観察は、そう教えている。

よほど気をつけなくてはいけないが、「私の如く信仰といふこともなく、安心立命とは行かぬ流義《ママ》の人間」（小金井喜美子『鷗外の思い出』）といいつつ、仏教の唯識論なども学んだ森鷗外は、つぎのような生活信条をもっていた。

……「金が汚らわしい、というのは間違っている。ものを知らない人間が持つ事がいけないのだ。金があるなら持っているがいい。いつでも未練なく捨て得る心を持っていればいいのだ」……。名誉もあれば持っていていい。どうしても無い方がいいなぞといって騒ぐほどいいものではない、というのが父の考えであった。(森茉莉『父の帽子』)

これほど恬淡たり得れば間違いないが、ふつうは、そうもいかない。しかも、世間の評価は、さまざまなシガラミが交差するから、必ずしも正しいわけではない。そんなのに振りまわされたら、行く末、無残であろう。先ごろ、唯識のことが書いてあると聞いて、安部龍太郎『等伯』を一読した。そのなか、等伯が挑んだ狩野派の総帥永徳をめぐって、前の関白・近衛前久《さきひさ》が、――絵師は求道者《ぐどう》や。この世の名利に目がくらんだらあかん。と語る印象深い場面があった。

ゆっくり、ものを考える

傍若無人、とはよくいったものだ。

まさに、傍らに人無きが若《ごと》し。地下鉄や電車の中でも、また、そうした公共輸送の駅の待合室でも、終始スマートフォンの画面にかじりついている。そんな人たちが多数派を占めていて、彼らにとって、傍らの人なぞ、ほとんど視野の外だ。「袖すり合うも他生の縁」なぞというほのぼのとした感慨は、もはや共有できなくなっている。

人に迷惑をかけているわけではないから、――いいじゃないか。といわれたら、返す言葉もない。昔はたしか、こういうのを「屁理屈」といったが、今や、――どうぞそのままお続けください。という他はない。

筆者は、まだ完全に時代遅れになっているわけではないので、スマホが便利なのは、わかる。親しい人たちとSNSでやりとりする・ちょっとした意見や感情の表明が簡便、音楽を聴く・ゲームをする・写真を撮る。そして、あれ何だったかなと思う間もあらばこそ、たちどころに検索する……。要するに、これ一台で何だって、しかも簡便にできるのだから、手に入れたが最後、手放すなんて、もはや想像すらできないことだろう。

人はいつの時代も、速さにあこがれ、利便性を求めてきた。たとえば、平安時代末期、後白河法皇が編んだ『梁塵《りょうじん》秘抄《ひしょう》』にすら、

熊野へ参るには、紀路《きぢ》と伊勢路のどれ近し、どれ遠し、広大慈悲の道なれば、紀路も伊勢路も遠からず。

とある。熊野権現に行くのに、紀州から入るのと伊勢から行くのと、どっちが近いのか、というのだ。もっとも、この今様《いまよう》歌謡は、浄不浄・信不信を問わぬ慈悲広大な熊野権現にお参りするのだから、遠近など論《あげつら》うでない。——と、真意ないし建前を述べてはいるが、それに続けて、

熊野へ参らむと思へども、徒歩《かち》より参れば道遠し、すぐれて山きびし、馬にて参れば苦行ならず、空より参らむ羽《はね》たべ若王子。

なぞという本音の今様をも収録している。

速さや利便というものは、これを一たび手に入れたなら、それへの依存度は自ずから高まり、以前の状況には戻りがたい。それは、ある意味で、自然の成り行きだろうが、たとえば、「ものを考える」時間、あるいは、そうした習慣というのは、どうなるのだろうか。

ものを考え、自分なりの考えをもつには、それなりの情報が必要とはいえ、得られた情報をめぐって、何かをただ思いつくだけでは、情報の浅瀬を渡り歩いているに過ぎず、考えたことにはならない。つぶやかれる二〇〇字足らずの短文が、数千字のアブストラクト（要旨、概要）であればよいが、それには、沈思黙考のひと時こそ、担保されていないといけない。

しかし、昨今、世を騒がせる短文の多くは、そんなものではないだろう。ことがらを自分の中でじゅうぶんに咀嚼《そしゃく》もせず、ちょっとした思いつきを述べ、あまつさえ、生《なま》の激烈な感情を、前後のみさかいもなく表にさらしたものが多い。

ここら辺りで、時間をかけてものを考える習慣を取り戻さないと、近い将来、考えるのはＡＩ（人工知能）で、人間はただそれを実行する者に成り下がるかもしれない。

世界の混沌と自己の愚迷と

——世界は「混沌の時代」に入った。というのが、大方の見方らしい。昨今、新聞記事の見出しにも、こうしたコトバを見かけることが多くなった。たしかに、近ごろはどちらを向いても自国ファースト・自分ファーストで、それまでのさまざまな秩序なるものが崩れつつある。

しかし、別に達観しているわけでもないが、世の中というのは、いつの時代も、混沌・混迷をきわめるものではなかったか。その意味で、いまさら事々しく「混沌の時代」でもあるまい。むろん、——昔はよかった。なぞというのは、完全な錯覚である。

たとえば、というには、あまりにも昔かもしれないが、たとえば天平時代——。現在、私たち興福寺が進めている中金堂の再建は、皆さまのおかげをもち今年(二〇一八年)一〇月七日に落慶の運びである。天平様式・天平規模での再建で、こうした境内整備事業の合言葉が《天平の文化空間の再構成》だから、時に天平という時代をいろいろ考えてみる。しそのとき陥り易いのは、「古代のロマン」というあの甘いイメージないし響きである。しかし、そういう古代の人々も、別に古代人として生きたわけではなく、まさに現代人として暮したのであり、それこそ種々さまざま、苦心惨憺《さんたん》したのではなかったか。

それはともかく、病の身に小康を得るということはある。その伝でいえば、いままでの世界秩序は、その小康状態だったに過ぎず、別に病が癒えたわけでもないのだ。ただ、さいわい小康を得れば、しばらくは皆さすがにおとなしくしている。が、そのうち、――これでいいのだッ。と、勘違いして、みさかいなく暴飲暴食。あるいは、――諸君、これでいいのか? そこは俺んちではないか。なぞと大いに自己を主張して小競り合い。またぞろ病の身となるか、もしくは、病膏肓《やまいこうこう》に入る身となる……。世界史とは、いってみれば、この繰りかえしである。

この点、かのビスマルクは「賢者は歴史に学び、愚者は経験に学ぶ」と述べたという。が、こうした世界の動向を概観すれば、この賢愚論も台無しという他ない。つまり、真に歴史に学ぶ賢者はついに出ず、たとえ出たとしても後に続かず、一方、経験にも学び得ない「喉元過ぎれば熱さを忘れる」愚者ばかりが続々と登場する。

しかし、こうした混沌や混迷が、どこか向こうからやって来るのではない。そうではなく、世界を構成している私たち自身の内面に由来する。――というのが、宗教のみかたでである。そして、そうした内面、つまり、自己の愚迷を凝視することこそが、混沌・混迷の世の中を作り出し、かつ、そこに暮らす私たち自身の宗教的課題にちがいない。

そうした自己の愚迷というものを真摯に凝視しつづけた人に、興福寺ゆかりの解脱《げだつ》上人貞慶《じょうけい》（一一五五〜一二一三）がおられる。昨今の混迷云々のちなみに、また、その著『愚《ぐ》迷発心集《めいほっしん》』を手に取り、学びたいと思う。

順縁・逆縁

日常、使用頻度の高い「縁」という仏教語は、ものごとの成り立ちを助長する意味。それが一般化されて、縁とは、ほぼ都合のよいことと同義である。

――あの時、あの人に出会ったことが、いまの自分を成り立たせている。などというのは、その人にとって、「あの人」はまさに「ご縁」にちがいない。こうした縁はつまりは順縁だが、むろん、縁はそういう好都合ばかりではない。文字通り、逆縁というのもある。違逆の縁などともいう。

能の「笠卒都婆《かさそとば》」（「重衡《しげひら》」とも）に出る逆縁は、微妙なニュアンスだ。一所不住の旅僧（ワキ）が、里の翁（前シテ、実は重衡の亡霊）に回向を勧められる。そこで、旅僧が後場の冒頭で、

――夢《ゆめ》のごとくに假枕《かりまくら》、夢のごとくに假枕、傾《かたむ》く月の夜《よ》もすがら、かの重衡のおん跡《ナト》を、逆縁《ぎゃくえん》ながら弔《とオ》ふとかや、逆縁ながら弔ふとかや。

と謡うのだ（日本古典文学大系41 謡曲集下）。

この逆縁の語に、校注者は「通りすがりの縁に過ぎないのだが弔いをすることだ」と注釈している。旅僧自ら志しがあって回向するのではなく、かといって、しぶしぶ回向するというのでもない。これもなにかの縁だと思って、回向する――。この校注は、そのあたりの微妙なニュアンスを巧みに表している。

というか、縁はその順逆はともかく、それ自体、そもそも微妙なものなのだ。世間はいちおう、好都合と不都合とで成り立っているというのだけれど、しかしそれにしも、好都合は少なく、身のまわりにはむしろ不都合なものが圧倒的に多い。

それで、私たちはしばしば嘆くのだが、座右の『菜根譚《さいこんたん》』に、つぎのような清言がある（前集九〇）。

――天、我に薄《うす》くするに福を以てせば、吾《われ》、吾《わ》が徳を厚くして以てこれを迓《むか》えん。天、我を労するに形を以てせば、吾、吾が心を逸《いつ》にして以てこれを補わん。天、我を阨《やく》するに遇《ぐう》を以てせば、吾、吾が道を亨《とお》らしめて以てこれを通ぜん。天且《か》つ我を奈何《いかん》せんや。

一読、壮絶な不都合であるが、念のため、今井宇三郎氏の現代語訳（岩波文庫）によって味わってみよう。

——天が我にわが福を薄くするなら、我はわが徳を厚くして対抗しよう。天が我にわが肉体を苦しめるようにしむけるなら、我はわが精神を楽にして補うようにしよう。天が我にわが境遇を行きづまらせるようにしむけるなら、我はわが道をつらぬき通すようにしよう。かくすれば、天といえども、我をどうすることもできないであろう。

天とは、ひとりの人間はおろか、世間をも超えたものだろう。その天が禍《わざわい》を仕かけてくれば、ふつうは、到底どうすることもできず、それを甘んじて受けざるを得ない。が、『菜根譚』のこの清言はそうではなく、それに対抗しようというのである。天が邪魔しようものなら、「吾、吾が道を亨らしめて以てこれを通ぜん（我はわが道をつらぬき通すようにしよう）」というのだ。これはもう、単純な順縁・逆縁の話ではない。

大いなる違逆の縁も、こちら次第で順縁にさえなるのだ。

クローン猿の誕生

今年（二〇一八年）は新年早々、中国の研究チームが猿のクローン二匹を誕生させたという衝撃的なニュースに驚愕した。

二匹のクローン猿の名は「中中（チョンチョン）」と「華華（ホワホワ）」だとか——。上野動物園で生まれたパンダの赤ちゃん「香香（シャンシャン）」はあどけなくてよいが、このクローン猿の誕生は素直に喜べない。というか、はっきりいって、この生命誕生にはある種の恐怖感を催す。

かつてドリーと命名された羊のクローンがつくられた時も、私たちは大きな衝撃をうけたが、今回は、それどころではない。なにせ遺伝子レベルでヒトとさほど変わらない猿のクローンだ。生命科学といえども超えてはならないある種の線というか枠を、明確に超えたのではないかと思う。

それというのも、親しくさせていただいていた科学者から生前、ヒトのクローンについて、——愛しい子を亡くした母親の煩悩《ぼんのう》がわが子のクローンを欲望する、いずれそうなるのではないか……。との独白を、直に聞いたことがあるからだ。むろん、欧米や日本で、ヒトへのクローン技術の応用が禁じられているにもかかわらず、である。

ちなみに、そうしたクローンの子を想像してみる――。クローンの子は、亡くなった子とまさに瓜二つ、寸分の狂いもない。が、それはいわば外形の話で、仮に同じように育てても内面まで瓜二つというわけにはいくまい。スガタ・カタチはそっくりでも、外部環境の影響も、実のわが子とクローンのわが子では微妙に異なるだろうし、子ども自身の問題意識の有無や濃淡もちがうだろうから、成長するにつれ、亡きわが子とクローンのわが子とでは、なにかと差異が生じてもこよう。そこに親として、あるいはいうにいわれぬ違和感が生ずるかもしれない。

しかし、一度亡くしたわが子をクローン技術でともかくも取り戻したのだし、親の目の前にはそのわが子が実在するのだから、親はその子に愛情を注いで余念がない……。それはいいとして、しかし、それでは亡くなった子はどうなるのだろうか。

つまり、目の前に実在するクローンのわが子という圧倒的な存在感の下、亡くなったわが子を思う親の気持ちが薄れていきはしないか、ということだ。亡き子への供養の心といってもよい。そうしたきわめて人間的な気持ちはどうなるのか、という問題だ。もし親が亡くなったわが子を思う気持ちを希薄化すれば、幼くして亡くなった人は、――ワタシは、あなたにとってなんだったのですか。と、おそらく問うはずである。

わが子を亡くすことは、いうまでもなく実に悲しいことだけれど、親として亡き子を一途に思いつづけるなかに、この世の生を終えた子の成就ということもあるだろうし、また、わが子を亡くした悲しみを背負って歩む人生の意義も見い出されてくるのではないか。そして、そうしたなかにこそ、いのちということ・生きるということの奥深さを実感するのではないかと思う。

「いのち」は再生できない――。そこにこそ、生の営みの本質があるのだと思う。

食はいのちの根源

新茶のおいしい季節である。そこで、「ことわざ辞典」を引いてみると、――朝茶はその日の難逃《なんのが》れ、というのがあった。朝にお茶を飲めば、その日一日さまざまな災難を逃れることができる。と、いうのだが、そう簡単なはなしではないだろう。

昨今、日本茶もペットボトルが普及して、栓を無造作にブチっと開けてゴクン……。実に手軽な飲み物になった。利便性の追求は人類の歴史そのものだから、そういう手軽さは好いとして、しかし、このことわざのお茶はそんなものではないだろう。多少時間はかかろうとも、急須《きゅうす》でゆっくり引き出された穏やかな茶味をしみじみと味わい、心を落ち着かせる――。そうしたお茶にちがいない。

朝のひと時は、概して慌ただしいものだけれど、その慌ただしさの中に、あえて静寂さを工夫する。そういう静寂を創出する朝茶こそ、ことわざの朝茶だ。慌ただしい朝をその後に引きずれば、注意はおのずから散漫になり、結果的に、災難を招く遠因というか一因にもなるわけだ。

どうせ飲むなら、静寂のひと時を創出するそんなお茶を飲み、実りある一日を期したいが、いずれにせよ、お茶などの水分や食事を摂らなければ、私たちは生きていくことができない。文字通り、食はいのちの根源で、それだけに、正しい食事のあり方が求められる。しかし、そういう飲食も近年、エンターテインメント化して（その意味で）暴飲暴食だ。資源の枯渇が心配される一方、若者の食事は、もはや食事ともいえぬほどにスナック化している。若い夫婦が住むマンションの台所に、包丁やまな板がないというウソのような話を耳にして久しい。

他方、今世紀中ごろには地球の人口が九八億人にも達するから、このままでは慢性的な食糧難に陥るおそれがあるというのだ。それでだろう、今年に入って、食の世界的な供給不足をテーマにした記事や論述が私たちの目にもとまるようになってきている。

たとえば、三菱総合研究所の未来読本「フロネシス」の、二月発行誌の特集テーマは「食の新次元　飽和しない産業」。昨今なにかと話題の昆虫食も取り上げられている。そのなか、「食用昆虫で次世代の食を創造する」というリポートのリード（概要）には、

人口増加によって、世界的な供給不足が予測されている動物性たんぱく質。この解決策として食用昆虫に注目が集まっている。今後、生産技術の確立、高付加価値化、心

理的障壁の解消など課題は山積みだが、新しい食として受容されれば、大きな市場が見込まれる。

と述べられている。

すでに一部では、植物由来の人工肉を使ったハンバーガーも提供されているというから、食をめぐる今後の動向もほぼイメージできるが、いずれにせよ、「食はいのちの根源」という大本《おおもと》を忘れてはなるまい。そのさい、――慎ましく食べ、慎んで喋る。そして、誰も傷つけない。というアメリカ・インディアンの言葉が、私たちのありようを映す鏡になれば、と思う。むろん、そこに映る姿が「がつがつ食べ、言いたい放題。そして、気にくわぬ人を排除する」ものであってはならない。

「錯集成文」

私たちの日本社会は単一民族で構成されてはいません。しかし、その民族性はきわめて単一的であることもたしかです。それに加えて（近年ではさまざまな格差が出てきていますが）、気持ちの中にはまだ中流意識というか横並び感覚があり、だから、ものの感じ方や考え方が割合に類似していて、——話さなくてもわかるよね。という場面が多いのではないでしょうか。

国際会議で難しいことが二つあるというハナシがあります。その一つはインド人を黙らすことで、もう一つは日本人を喋らすことだと。本当かどうか知りませんが、ある種のマトをついているように思います。たしかに、「話さなくてもわかるよね」では国際社会は困るわけで、理解されるかどうかはともかく、意を尽して説明しないと、自己の感情や思考は相手に伝わりません。

それに、感情や思考の単一性・同質性は、

——そうだそうだ、そうでしょう。

――いや、ホントにそうです。

というような会話でハナシがおおかた片付きますから、いってみれば気楽です。しかし、それでは、そういう感情も思考もそれ以上に展開しません。単一性や同質性とは本質的に、なにごとも停滞を余儀なくするものではないかと思います。つまり、自分たちと異質なものを取り込んでいく中にこそ、なにごとも大きく展開していくのではないですか。

むろん、そこでは、自らさまざまに説明し、また、他者の説明に耳を傾ける作業というか手間がかかります。異質な者からは、思ってもみないボールが飛んでくるでしょう。そういう状況は少しも気楽でなく、むしろある種の緊張が強いられます。が、そうした中でこそ自己の考えも鍛えられ、発展するんだろうと思います。やはり、同質性の居心地のよさに泥《なず》んで、異質性を嫌ってはいけない――。そんなことを、日ごろ肝に銘じています。

「錯集成文」は、「錯《まじ》り集まり文《あや》を成《な》す」と読みます。中国明《みん》末（一七世紀初期）の洪自誠《こうじせい》の『菜根譚《さいこんたん》』に出てくる一文です。

著者の洪自誠という人は若い時分、官僚でした。つまり、儒教ベースで日常生活を営んでいましたが、中年以降、仏教や道教にも親しんで、この『菜根譚』を著しました。儒教は人間が構成する社会を、道教はその人間を包みこむ宇宙を、そして、仏教はそういう宇宙の中・社会の中に生きる人間の心を、それぞれ強く意識しています。つまり、これ自体、すでに「文を成」しているわけです。

「文」は、「綾」でもあり「彩」でもあります。いろんなものが雑《ま》ざってこそ、味わい深さが出ます。色一つとっても、黒一色・茶色一色では、つまらない。派手な色もあれば、地味な色もある。濃い色もあれば、淡い色もある――。そういうコンビネーションの中におのずから、それぞれ独特の彩も深い味わいも醸しだされてくるのではないですか。

「影向の松」異聞——豊かな世界を求めて

影向《ようごう》とは神や仏の来臨のことで、その来臨の依《よ》りしろが松であれば、影向の松だ。一般的な名称といってよいが、ふつう単に「影向の松」といえば、春日社一の鳥居のそれをいい、同時に、能舞台の鏡板に描かれた松をも指す。

影向といっても、神は何もないところにいきなり降りることはなく、なにほどかの依りしろを目あてに降臨すると考えられている。日本の神というのは元来、「かしこきもの」(本居宣長)といわれる。つまり怖い存在で、ふつうは海や山の向こうにいて、時に人里に降り立つものだった。そこで、神が里に来臨すれば人々は食事に芸能の饗応につとめ、ご機嫌うるわしく還御《かんぎょ》ねがった。

六世紀の中ごろ、朝鮮半島から仏教が伝えられたが、当時は「仏陀」「ホトケ」といわれてもわからず、「仏神」という認識だった。仏教の受容をめぐって、歴史書は一体に、容認の蘇我《そが》氏と排斥の物部《もののべ》氏との抗争を記述し、仏像が難波津《なにわづ》で焼き流されたのもまた、仏教排斥の所業だとする。しかし、抗争の原因は別のところにあり、仏神については蘇我氏が接待役、一方、物部氏はお引き取りにかかわる役割を担った、つまり、役割分担したにすぎないという神道史家の論考もあるのだ。日本人の神意識の根底を示唆されており、はなはだ興味深い。

じっさい、奈良の年中行事を締めくくる春日若宮の「おん祭り」でも、若宮のお旅所への出御《しゅつぎょ》は二四時間限りで、さまざまな神饌と芸能が済めば、その日の内にすみやかに還御となる段取りである。このように元来、神は里には常駐せず、時に里に降り立つものだった。そうした影向の主な依りしろは松だが、春日社興福寺では祭祀や法要にさいして、梅のずばえ（徒長枝《とちょうし》）を用いている。能でいえば、「羽衣」の天人は美保の松原に飛行《ひぎょう》するが、これも、松の木を依りしろにして降り立つのであろう。

そういう影向木とは違うが、神木というのがある。春日の神木は竹柏《なぎ》で、独特の光沢があって、いかにも神木という趣きである。当山の先々代貫首（明治三七年生まれ）は古い気分を持つ人だったが、いつだったか不意に、——奈良では竹柏のない庭は、庭とはいわへんのや、と独りごちた。筆者の若い時分で、当時はそんなものかと聞き流したが、竹柏かどうかはともかく、庭に神木を植えることによって、神と人とが日常的に感応道交するのだ。いまふうにいえば、神と人とのふれあいであろう。つまり、神仏という人間を超えたものがおり、そして、人がいる——。そういう豊かな世界であったのだ。

それに加えて、むかしは魑魅《ちみ》魍魎《もうりょう》というのもゾロゾロいたらしい。筆者の母方の親戚、これも明治生まれの人だったが、大阪の商家の丁稚の時分に、大阪ミナミのネギ畑を狐か狸かに化かされて一晩中歩いていたという（ちなみに、ネギを大阪でナンバといい、それが地名になった）。むろん、ばい菌・雑菌はウヨウヨ、いい匂いから悪臭まで。生活する上で、それは具合のわるいことが多かったろうが、その反面、考えてみれば、なかなか豊かな世界だったのではなかったか。

それが、いつしか人間至上・人間中心の考え方が蔓延して、人間の目先の都合ばかりが優先され、不都合なものはことごとく排除されて、こんにちに至っている。漆黒の闇夜がなくなったから妖怪も出ず、くさい臭いは元から絶たれて、いまや「無香空間」が広がるばかりだ。すると俄然、人体の臭いが鼻につく。——結果、いまや加齢臭対治に躍起である。そして、病的ともいえる清潔志向のおかげで、いっそう無菌状態に近づきつつある。

しかし、ほんとうの豊かな世界というのは、なにも好都合だけに囲まれることではないだろう。好都合なことがあり、不都合なことがある。楽しく愉快なことがあり、いい気分になることがある一方で、辛く重いことがらを嫌でも心に持ち続けなければならないこともあるのだ。それに、人生に不都合はつきものだし、イヤむしろ、大半は不都合だといってもよい。が、その不都合なものを闇雲に排除せず、大きく受けとめていくところに、いうところの豊かな世界が展開するのではないかと思うのだ。

先の「羽衣」の天人（シテ）は、漁夫白竜《はくりょう》（ワキ）に「いやこの衣を返しなば、舞曲をなさでそのままに、天にや上がり給ふべき」と疑われた。さすがに、「いや疑ひは人間にあり、天に偽りなきものを」と言い返しているが、偽りなき天をも疑う人間の増上慢《ぞうじょうまん》はいよいよ肥大化し、もはや、この宇宙を仕切り、そして、いのちの神秘にも手を入れはじめている。

光の洪水と大音量の音で魑魅魍魎を駆逐し、農薬でいのちの循環を断ち切り、その挙句が、目にみえないいばい菌・雑菌の排除だ。もとより、人間にだって不都合なヤツはいると、この調子でどんどん取り除いていけば、いずれは、――そして、誰もいなくなった、なんていうことになるのは必定だ。

やはり、人間を超えたものを私たちがもう一度見出し、不都合なものをも抱えながら生きることを学ばなければ、心豊かな世界の再構築なぞ望むべくもないであろう。そんなことに思いをめぐらせていると、影向の松というのもまた、豊かな世界への回帰の場といえるのではあるまいか。

いかり・うらみ・しっと……

——昔《むかし》当国天王寺に、浅間《あさま》といひし伶人《れいじん》あり、同《おなじ》く此《この》住吉にも富士と申《もうす》伶人ありしが、其比《そのころ》内裏に管絃の役を争ひ、互に都に上りしに、富士この役を給《たま》はるによつて、浅間安からず思ひ、富士を傷《あや》まつて討せぬ、其後富士が妻、夫の別《わかれ》を悲しみ、常は太鼓を打つて慰《なぐさみ》候しが、それも終に空しく成《なり》て候、逆縁ながら弔て給り候へ。

これは、能「梅枝」の前シテ（里の女）冒頭の語りである。前シテは実は富士の妻で、本曲はその妻の悲しみと、夫・富士への思慕が描かれている。ここでは能曲そのものから離れて、浅間が富士に管絃の役を取られて「安からず思」ったそのことを、興福寺に伝わる唯識仏教の心理分析などを参照しながら述べてみたいと思う。

浅間は内裏での管絃の役を争って、富士に負けたのだから、端的にいって、不愉快極まりない状況に追い込まれたわけだ。浅間の心は、〈瞋恚《しんに》——いかり——〉や〈嫉《しつ》——しっと——〉、〈恨《こん》——うらみ——〉などがうずまき、冷静さを大いに欠いたことは容易に知られよう。

私たちの社会は、至らぬところがありながらも我こそは――、と思っているものたちが、あれこれとまことしやかに運営している世の中である。しかも、比較相対の世界だから、いたるところで自他の確執、優劣判断、役やポストの争奪戦が繰り広げられている。そして、好い役もポストも数に限りがあるから、その争奪は壮絶だ。

もともと、人の慢心（自己を恃《たの》み、他をあなどる気持ち）は、そうとう厄介なものである。だから、その慢心が癒されず、イヤそれどころか、大いに傷つけば、嫉《ねた》みや恨みの大合唱となるは火をみるより明らかだ。ちなみに、〈嫉〉という心のはたらきについて、『成唯《じょうゆい》識論《しきろん》』（唯識仏教の基本論書）の定義を現代語訳して引用してみよう。

――〈嫉〉という心のはたらきは、どのようなものなのであろうか。私たちは、自分の名利《みょうり》を求めて止まないのだが、他人《ひと》が得た名利の栄えにガマンならず、それを妬んで忌み嫌う。それが、〈嫉〉の本質である。この〈嫉〉が活発にはたらくと、妬まないでおこうという殊勝な気持ちを妨げ、憂えること尋常でない。だから、嫉妬する人は、他人の繁栄・繁昌を見聞《みき》きすると、憂え深く心がすこしも安穏でない。この〈嫉〉もまた、根本的なマイナスの心のはたらきである〈瞋恚〉によって生ずるものである。

名利とは、名聞《みょうもん》と利養のことだ。このなか、名聞は名前が世間に広まること、あるいは、よい評価を得たいと思う気持ち。いってみれば、名誉欲だ。他方、利養は実利に潤いたいという思いである。よく名を捨てて実を取るなどというが、じっさいは名も実も得たい――。というのが、仏教の人間観察である。

そうした名利というものを、人は誰もが求めているのだが、自分ではそれがなかなか得られないのに、他人《ひと》が名聞と利養とを手にしたら、どうなるか。「梅枝」でいえば、富士が内裏における管絃のお役を給わり、名利を獲得。一方、浅間は選に漏れた。――アイツが選ばれて、なんでこのオレがハズレたのか、と憂えること尋常ではない。この不愉快極まりない状況は、浅間にとっておよそ納得できるものではない。心は千々に乱れ、そして、――元凶はあの富士だ、とばかりに不愉快な富士を排除してしまう。まさに、不都合なことにいかる〈瞋恚〉がはたらき、さらに、〈瞋恚〉に随《したが》って生ずる〈恨〉や〈嫉〉がねちねちと絡んで、浅間の心は乱れに乱れたのだ。

私たちは、他人《ひと》のことが気になって仕方がない。人は人・私は私なのに、とかく人の動向に気を取られがちだ。そして、なんでも比較である。比較すれば当然、どっちが上か下かの優劣判断になるから、いきおい他者に厳しくなる運びである。ここで、浅間はともかく、問題は私たちである。そんなに自他を比較し優劣判断して、何になるのか。と、いわねばならないが、比較して自分が上であれば、慢心が癒される。私たちが喉から手が出るほど欲しいのはまさにこれだが、必ずしも慢心は癒されるものではない。というか、慢心はつねに傷つき易く、気がつけば、心平穏ならざること甚だしい、といった状況が多いのではないか。

しかし、他と比較し嫉妬して、それが一体、何になるというのか——。詩人の堀口大學さん（一八九二〜一九八一）に、つぎのような四行詩がある。

暮しは分が大事です
気楽が何より薬です
そねむ心は自分より
以外のものは傷つけぬ

「分」とは、他と比較しない自分ということだろう。そういう意味での分を心得る暮しこそ理想なのだ、と、この詩人はいうのである。そして、「そねむ心」（嫉妬）という使用頻度の高いマイナスの心のはたらきを取り上げて、自分をいさめている。じっさい嫉妬してみたところで、憎い相手がそれで傷つくわけでもなく、むしろ、嫉妬した自分が大きく傷つくのだと。ちなみに、この四行詩のタイトルは「座右銘」である。

夢のことども

私たちは、「夢」というコトバをいろんな意味で使っている。ちなみに、『広辞苑』を引いてみると、ゆめは「イメ（寝目）の転」で、だから第一義的には、

睡眠中に持つ幻覚。……精神分析では、抑圧されていた願望を充足させる働きを持つとする。……

とあり、以下、

②はかない、頼みがたいもののたとえ。夢幻。

③空想的な願望。心のまよい。迷夢。

④将来実現したい願い。理想。

などの意味があげられている。なるほど、私たちは、「夢」というコトバをさまざまな意味をこめて使っているのだ。

じっさい、空想的願望の夢に支配されるのは困るわけで、一方、将来実現したい願いの夢は、人間としてやはり持つべきであり、そうした夢に向って歩む中に、心豊かな人生が

築かれていくのであろう。そして、結果的に、たとえその夢が実現できなかったとしても、それはそれ、だ。この点、かの『荀子《じゅんし》』に、「功は舍《や》めざるに在り」という一文があるという。今、たまたま読み直している『陶淵明全集』に、そんな荀子のコトバが引かれてあった。

＊

今年（二〇一六年）の勧進能第一部で上演される人気曲の「船弁慶」は、源頼朝と義経との不仲をベースに、愛妾の静御前と従者の弁慶、それに敵将の平知盛の亡霊がからむスペクタクルだ。しかし、そもそも貴族をも巻き込んだ、源平という武門の抗争の一コマであり、戦は古今東西、勝っても負けても傷つくものだ。その哀傷は深い――。

つまり、いろんな意味が綯《な》い交ぜになった夢を戦の中に追い求めているわけだ。そういうのが幸いにも実現し、栄耀栄華を手に入れたとしても、ひと時のこと。いづれは皆、――夏草やつわものどもが夢の跡、というはかなさである。

その無常なることは古来、たとえば「風葉の身保ち難く、草露の命消え易し」といわれ、「一生過ぎ易く、万事実なし。朝の露に異ならず、夕の電に相同じ。…槿花一晨の栄え夕にはなく、郭公数声の愛みも久しからず」（貞慶『愚迷発心集』）などと綴られた。

＊

そんなはかなさに、いつ気づくのか――。もとより、早いに越したことはない。その好例が、勧進能第二部の「邯鄲《かんたん》」の主人公・盧生《ろせい》であろう。

「邯鄲の夢（盧生の夢）」は、この世の栄耀栄華のはかなさを、端的に示したものだ。官吏登用試験に落ちた青年盧生が、趙の邯鄲に住む道士から、栄華が意のままになるという不思議な枕を借りて寝ると、たちまち立身出世し富貴を極めた。が、目覚めてみると、それは、黄粱（あわ）がまだ煮えきらぬほどの短い間の夢だったという故事だ。

能「邯鄲」は、この故事に取材した名曲だが、盧生（シテ）に枕を貸す人を、道士ではなく宿の女主人（アイ）にしている。そして、そのアイから借りた枕でたちまち眠りにおちるシテの夢の中に、ワキの勅使が出てくるという寸法だ。

ここが、この能の一つの面白さでもあろう。つまり、能の多くは、ワキの僧の夢の中にシテが出てきて心の鬱屈を物語るのだけれど、「邯鄲」ではそれが逆で、そのため、夢のはかなさが一層きわだって感じられるところが興味深い。

しかし、それにしても、私たちは、そうした栄耀栄華以前の「生の執着」が、そもそもきびしいのだ。いってみれば、「つゐに行く道とはかねて聞きしかど昨日今日とは思わざりしを」（在原業平）であり、大阪で実際にあった事件、産んだ幼子を殺して川に流すことができても、ついに後追いできず生き長らえてしまう母親に、むしろ人間一般の生に対する執着のきびしさが感じ取られる。そして、その上に根ざした名利のはげしさとむなしさ、という構図なのだ。

＊

ところで、睡眠中にみる夢だが、仏教ではどう考えているのか――。とりわけ、心の構造とそのはたらき、あるいは、認識の仕組みを綿密に考察する唯識仏教では、夢はどういう位置づけになっているのか、それを最後にみておこう。

夢は、いうまでもなく睡眠中にみるから、意識と無意識という分類では当然、無意識の領域のもの――。と、ふつうは考えられているが、唯識仏教では、夢は「夢中の意識」といって、意識のはたらきに分類される。

ただし、唯識では、すべての意識は、「阿頼耶識《あらやしき》」という意識できない深層心から、さまざまな条件が整う中に生じてくるもので、一方、意識がはたらけば、その意識のいわば情報とある種のエネルギー（潜勢力）が即、阿頼耶識の中に送りこまれる。私たちには、そういう心の機制があるのだという。

　だから例えば、気に入らぬ人を、「あんなヤツ、いなきゃいいんダ」と低い押し殺した声で呪った場合、当面は問題ないが、そういう呪いも意識のはたらきだから、その情報と潜勢力とが、呪った本人の阿頼耶識に送りこまれて定着する――。つまり、そうした情報と潜勢力とが、当該者の人格のなにほどかを構成するものとなるわけだ。そして、夢もまた意識のはたらきだから、夢の中の善ないし悪の行為も、これと同断だと考えるのだ。

　夢は、浅い眠りの中でみるといわれるが、そこは、覚醒の領域となんら隔絶していないとみるのが、唯識の「夢中の意識」であろう。

あとがき

ここ五、六年の間に各誌（紙）に寄稿した短文を、『奈良 風のまにまに』のタイトルで刊行することになりました。本書は著者にとって、『いのちと仏教』『旅の途中』『合掌のカタチ』に次ぐ四冊目のエッセイ集になります。

本書では第一部に、筆者の地元奈良そして住持する興福寺にかかわるものを収め、また、第二部には、仏教の立場からみた社会の問題点や人としての在り方をテーマにしたものなどを収録しました。どれも皆、一口サイズのエッセイなので、これらをキッカケにして、自分ならこう考えると大きく展開していただければ、望外のよろこびです。

しかし、それにしても、心の時代といわれて随分経ちます。筆者の記憶によれば、昭和四〇年（一九六五）代には、――もうこれからは「心の時代」だ、という論調でした。ですから、私たちの「心の時代」はたいそう年季が入っているのですが、社会を見渡してみて、心が豊かになったというハナシはいっこうに聞こえてきません。心が潤うどころか、私たちの心はいよいよ殺伐とし、ささくれ立っているのではないでしょうか。

たとえば、本書でしばしば述べていることですが、私たちが暮らす世間は、つきつめていえば、好都合と不都合の世界です。そして、好都合にすり寄り、それが長続きしますようにとひたすら希望し、一方、不都合はこれを毛嫌いし、その排除に躍起です。このように好都合にすり寄り・不都合を排除すれば、気分は上々でしょう。

しかし、考えてみれば、世の中は大半が不都合ですから、不都合の排除とは、要するに、自らの世界を狭くもしているわけです。しかも、好都合・不都合はその時点での判断で、けっして本質的なものではありませんから、そうした不都合をも大きく包容していく――。そうしたところにこそ、豊かな心の世界が育まれていくのではないですか。『菜根譚』でいえば、「錯集成文（錯《まじ》り集まり文《あや》を成《な》す）」の世界です。好都合も不都合も、いろんなものが集まった世界こそ、文（綾、彩）のある豊かな心の世界です。

その意味で、「心の時代」といえば、なにかしらソフトでマイルドな響きですが、その展開は、強い意志とある種の覚悟が要るのではないかと、著者は常々思っています。ご判読いただければ幸いです。

なお、本書の刊行については、春秋社編集部の豊嶋悠吾さんに種々お世話になりました。深謝です。

平成三十年八月朔日

多川 俊映

〈初出一覧〉

第一部　奈良 風のまにまに

不比等の仕事…「奈良 風のまにまに」第1回『目の眼』2015年4月号
ナラノヤエザクラ…「奈良 風のまにまに」第2回『目の眼』2015年5月号
銀仏手…「奈良 風のまにまに」第3回『目の眼』2015年6月号
華原磬…「奈良 風のまにまに」第4回『目の眼』2015年7月号
伝世ということ…「奈良 風のまにまに」第5回『目の眼』2015年8月号
春日名号…「奈良 風のまにまに」第6回『目の眼』2015年9月号
奈良の鹿…「奈良 風のまにまに」第7回『目の眼』2015年10月号
無著像の運慶…「奈良 風のまにまに」第8回『目の眼』2015年11月号
奈良墨…「奈良 風のまにまに」第9回『目の眼』2015年12月号
天平の至宝・阿修羅像…「奈良 風のまにまに」第10回『目の眼』2016年1月号
涅槃会のころ…「奈良 風のまにまに」第11回『目の眼』2016年2月号
春日野（上）…「奈良 風のまにまに」第12回『目の眼』2016年3月号
春日野（下）…「奈良 風のまにまに」第13回『目の眼』2016年4月号
天平乾漆像…「奈良 風のまにまに」第14回『目の眼』2016年5月号
天平乾漆像（承前）…「奈良 風のまにまに」第15回『目の眼』2016年6月号
笑う肖像画…「奈良 風のまにまに」第16回『目の眼』2016年7月号
古きよきものを残すとは…「奈良 風のまにまに」第17回『目の眼』2016年8月号
春日権現験記絵の世界（上）…「奈良 風のまにまに」第18回『目の眼』2016年9月号
春日権現験記絵の世界（中）…「奈良 風のまにまに」第19回『目の眼』2016年10月号
春日権現験記絵の世界（下）…「奈良 風のまにまに」第20回『目の眼』2016年11月号
慈悲万行宝号…「奈良 風のまにまに」第21回『目の眼』2016年12月号
楽毅論…「奈良 風のまにまに」第22回『目の眼』2017年1月号
受け継ぎ、受け渡す…「奈良 風のまにまに」第23回『目の眼』2017年2月号
唐院承仕…「奈良 風のまにまに」第24回『目の眼』2017年3月号
俊寛のことども…2015年7月第13回興福寺勧進能プログラム
神仏・鷹山・スベリヒユ…2014年5月薪御能パンフレット
『南都年代記』の話…2015年5月薪御能パンフレット

第二部　こころの水鏡

ネットに飛び交う「生コトバ」…「こころの水鏡」『朝日新聞』（夕刊 関西版）2016年4月28日

心の中こそ　あざむかないで…「こころの水鏡」『朝日新聞』（夕刊 関西版）2016年5月26日

野球にみる日米文化の違い…「こころの水鏡」『朝日新聞』（夕刊 関西版）2016年6月23日

いつまで続ける未来の先食い…「こころの水鏡」『朝日新聞』（夕刊 関西版）2016年7月28日

人間は本来、善なのか悪なのか…「こころの水鏡」『朝日新聞』（夕刊 関西版）2016年8月25日

気遣い　自分なりの匙加減で…「こころの水鏡」『朝日新聞』（夕刊 関西版）2016年9月29日

ロボット　作る人間を映す…「こころの水鏡」『朝日新聞』（夕刊 関西版）2016年10月27日

「レガシー」強調　不健全では…「こころの水鏡」『朝日新聞』（夕刊 関西版）2016年11月24日

「人惑わしの話」を慎む…「こころの水鏡」『朝日新聞』（夕刊 関西版）2016年12月22日

独りを慎む　できるかどうか…「こころの水鏡」『朝日新聞』（夕刊 関西版）2017年1月26日

「忙中閑」でいきたいけれど…「こころの水鏡」『朝日新聞』（夕刊 関西版）2017年3月23日

漢詩で学んだ「心の持ちよう」…「こころの水鏡」『朝日新聞』（夕刊 関西版）2017年5月24日

思いの丈　通りすがりの人に…「こころの水鏡」『朝日新聞』（夕刊 関西版）2017年6月28日

整理して徳を説く…「こころの水鏡」『朝日新聞』（夕刊 関西版）2017年8月23日

自然からは逃れられない…「こころの水鏡」『朝日新聞』（夕刊　関西版）2017年9月27日

篤い思いで受け継ぐ文化財…「こころの水鏡」『朝日新聞』（夕刊 関西版）2017年10月25日

マンホールのふた販売に一案…「こころの水鏡」『朝日新聞』（夕刊 関西版）2017年11月22日

「白い休日」に思う…「こころの水鏡」『朝日新聞』（夕刊 関西版）2018年2月

28日
ロボットにも「徳」があったなら…「こころの水鏡」『朝日新聞』(夕刊 関西版) 2018年4月25日
情報の時代と心の時代…「興福」第154号 巻頭言(2011年12月)
乾隆帝の三希堂…「興福」第155号 巻頭言(2012年3月)
心の時代でなく、心を鍛える時代…「興福」第156号 巻頭言(2012年6月)
「科学的」——この紋所が目に入らぬか…「興福」第157号 巻頭言(2012年9月)
アンチエイジングだけでいいのか…「興福」第158号 巻頭言(2012年12月)
『菜根譚』を読み直す…「興福」第159号 巻頭言(2013年3月)
経済が好転すれば、心が潤うのか…「興福」第160号 巻頭言(2013年6月)
雑感集…「興福」第161号 巻頭言(2013年9月)
知らずに使ってはいけない…「興福」第162号 巻頭言(2013年12月)
成否を顧みることなく…「興福」第163号 巻頭言(2014年3月)
距離と時間の身体感覚…「興福」第164号 巻頭言(2014年6月)
寄り道・廻り道・迷い道…「興福」第165号 巻頭言(2014年9月)
山房世迷言綴…「興福」第166号 巻頭言(2014年12月)
薄れた感慨、確乎とした自覚…「興福」第167号 巻頭言(2015年3月)
自然の中の人間…「興福」第168号 巻頭言(2015年6月)
後世に何を残し、何を残さないか…「興福」第169号 巻頭言(2015年9月)
いろいろあるから、健全だ…「興福」第170号 巻頭言(2015年12月)
世の中、マアこんなもんだ…「興福」第171号 巻頭言(2016年3月)
なら燈花会——深い闇こそ主役…「興福」第172号 巻頭言(2016年6月)
ことわざは生活の知恵…「興福」第173号 巻頭言(2016年9月)
名利のはなし…「興福」第174号 巻頭言(2016年12月)
ゆっくり、ものを考える…「興福」第175号 巻頭言(2017年3月)
世界の混沌と自己の愚迷と…「興福」第177号 巻頭言(2017年9月)
順縁・逆縁…「興福」第178号 巻頭言(2017年12月)
クローン猿の誕生…「興福」第179号 巻頭言(2018年3月)
食はいのちの根源…「興福」第180号 巻頭言(2018年6月)
「錯集成文」…『月刊 武道』2015年10月号
「影向の松」異聞——豊かな世界を求めて…2012年7月第10回興福寺勧進能プログラム
いかり・うらみ・しっと………2013年7月第11回興福寺勧進能プログラム
夢のことども…2016年7月第14回興福寺勧進能プログラム
＊新聞・雑誌掲載時文章を、著者の確認の下、一部加筆修正している。

多川俊映（たがわ・しゅんえい）

1947年　奈良に生まれる。
1969年　立命館大学文学部卒業。
現　在　興福寺貫首
著　書　『貞慶「愚迷発心集」を読む』『観音経のこころ』（以上、春秋社）、『旅の途中』（日本経済新聞出版社）、『日本仏教基礎講座1　奈良仏教』（共著、雄山閣）、『慈恩大師御影聚英』（編著、法藏館）、『阿修羅を究める』（共著、小学館）、『合掌のカタチ』（平凡社）、『唯識とはなにか　唯識三十頌を読む』（角川ソフィア文庫）、『仏像　みる・みられる』（KADOKAWA）。

奈良 風のまにまに
二〇一八年九月二〇日　第一刷発行

著　者　多川俊映
発行者　澤畑吉和
発行所　株式会社春秋社
東京都千代田区外神田二―一八―六（〒一〇一―〇〇二一）
電話〇三―三二五五―九六一一
振替〇〇一八〇―六―二四八六一
http://www.shunjusha.co.jp/
印刷所　萩原印刷株式会社
装　幀　鈴木伸弘
定価はカバー等に表示してあります
 ISBN 978-4-393-13646-1

多川俊映
唯識入門

果てしない覚りへの探究は身の回りの生活を見つめることから始まる。深層心理を徹底的に考える「唯識」思想を平易に解説する仏教入門。『はじめての唯識』の改題、増補新版。 2000円

長谷川岳史
唯識　さとりの智慧　『仏地経』を読む

玄奘三蔵訳『仏地経』を読み込みながら、唯識思想や仏教における「さとり」の根本思想について紹介する入門書。

〈新・興福寺仏教文化講座8〉 2200円

師 茂樹
『大乗五蘊論』を読む

世親菩薩著『大乗五蘊論』の講読を通して、仏教の基本概念である五蘊（=色・受・想・行・識）、十二処、十八界を分かり易く解説。

〈新・興福寺仏教文化講座9〉 2500円

横山紘一
唯識　仏教辞典

唯識思想を学ぶために必要な語句と、また広く仏教研究に必要な基礎的な要語を一五〇〇〇項目に及ぶ範囲で収録した、はじめての画期的な仏教辞典。 15000円

▼価格は税別。